大眾哲學

——理性與感性的交織碰撞，生活無處不在腦力激盪——

艾思奇 著

當你問「人生為何這麼難」，可能得到以下答覆：

厭世主義　這個世界是一團苦惱，還不如死死算了　宿命論　冥冥之中自有天注定，做牛做馬也不能反抗

現實主義　我們要勇於抗爭，衝破層層阻礙　享樂主義　人生如夢，一切都是浮雲，該吃吃該睡睡

妙趣橫生的哲學詭辯，在生活各個角落精采呈現！

目錄

第一章　緒論

第二章　本體論（世界觀）

第三章 認識論

第四章 方法論

第一章 緒論

一、哲學並不神祕——哲學與日常生活的關係

哲學對於社會生活的關係，始終都是很密切的。在日常生活裡，隨時都有哲學的蹤跡出現，但因為是日常生活，我們習慣了，所以就不覺察，不反省。假如我們有一個朋友，因為到別處去謀生，或其他原因，與我們離別了五、六年，忽然有一天又相見了。那時我們會覺得他和以前有種種的不同，或者是更蒼老了，或者是在知識上有什麼進步了。見面之後，大家自然攀談攀談，各人把自己所經過的事件敘述一番，這時就更有很多的事情使我們發生感觸，我們看見在這五、六年的期間，大家周圍的人，有的長大了、有的死了；倘若我們的周圍是商店、是工廠，我們又看見它們有的已經倒閉、有的繁榮起來、有的不死不活的支持著門面。……此外，還有很多的事情可以談到。但是，事情即使很多，它表現在我們眼中的情形卻有一個共同的地方，就是，一切事情都和以前不同了，都變了。我們感覺到時間的流去是不可抗的。在時間的過程中，一切事物新生起來，發展起來；一切事物也被摧毀，被消滅。我們看見任何事物都沒有永久常住的可能，過去了的，便不能再挽回，於是我們都深深地感動、嘆息，在我們的頭腦裡，很強烈地浮現著一個「一切皆變」的觀念。這時，在無意中我們已有了一種哲學的思想，然而，誰能覺察到這就是哲學思想呢？我們只以朋友的久別

重逢是一件很平常的事情，只覺得在這件事情之下所發生的感想也是極平常的感想，與我們素常想像中的高深玄妙的哲學是離得很遠很遠的，我們不但不了解這裡面就有哲學，如果聽見有人說這就是一種哲學思想，也許還會驚異：為什麼很普通的一件事裡也會有哲學呢？但是，只要再稍稍多想一想，就知道這其實也用不著驚異。哲學並不是從天上掉下來的東西，而是從人類社會中產生出來的，沒有人類社會，也絕沒有哲學。如果哲學會從天上掉下來，那麼豬狗和蟻群裡也應該有哲學了，實際上豬狗和蟻群裡絕沒有哲學，哲學非到人類生活中去找不可，所以，我們日常生活中即使最普通的事件，也與哲學有著很大的關係，是不足為奇的。

哲學既然在日常生活裡隨時可以找到蹤跡，那就可以知道它絕不是神祕莫測的東西了。哲學上告訴我們「萬物皆流轉」，「一切事物離不了運動」等等的道理，而這些道理，與我們友人久別重逢時所得到的人世變遷的感想是具有著同樣的來源、同樣的性質的。

但是，哲學思想與日常生活的感想既有著這樣大的共通點，兩者難道沒有分別了嗎？如果沒有分別，那麼，日常生活的感想已經等於哲學，何必還要多事研究哲學，何必還需要哲學家？這一個問題也很重要，哲學與日常生活的感想雖然有共通點，但同時也有差異。我們的感想，是現實生活中種種交互錯雜的事件，反映在我們意識之中所形成的觀念。我們所見的人，長大的長大了；我們周圍的商店、工廠，發達的發達了，倒閉的倒閉了。這一切事件雖然是千差萬別，然而綜合起來，同樣都具有著一個發達和沒落的過程，於是在我們的心中形成了變動的觀念，這就是感想。哲學也和我們的感想一樣，從千差萬別的事物過程中，看出那共通的綜合的形態，因此日常生活裡到處有哲學的蹤跡。然這「哲學的蹤跡」，這感想，是與隨時隨地的日常生活中的個別事件結合著，它的表現是零碎的，是比較混雜的。單單這些，還不能構成哲學，只能算哲學的萌芽，或哲學的發端。哲學不能滿足於個別事物中的零碎的、混雜的認識，它要求知道更普遍的、更有系統的、更一般的道理。因為這樣，日常生活中的個別事件，在哲學裡就似乎成了不重要的角色。我們日常的感想，都是被臨時事件所引起的，臨時的個別事件對於我們的感想是很重要的，不是遇到了久別重逢的事件，也許我們始終不會有「一切皆變」的感想。但在哲學裡，臨時發生的事故就不會那麼重要，哲學的系統不是因偶然的機會突然發現於我們的頭腦中，而是綿密的研究和不斷的實踐所得的結果。雖然這綿密的研究和不斷的實踐也不能脫離日常生活的基礎，但這已經不像感想似的，只具有著暫時的、混雜的、零碎的性質，而排除了混雜的性質，向著事物的真理有系統地深入進去的認識。這是哲學和日常的感想不同的地方。

這樣，我們已知道哲學和日常的感想是一方面有差異，而同時又是有共通點的。說得學術化一點，就是，一方面是對立的，而同時又是統一的。因為兩者的統一，所以我們知道哲學與日常生活有著密切的連繫；因為兩者的差別，所以我們知道哲學不僅僅是零碎混雜的感想，而是更有系統，更深刻的知識；同時我們才了解，若要能夠深刻地、一貫地認識我們的生活，就必須有哲學的根本知識，使思想不至於混亂，不至於因偶然的事件之發生而紊亂了思想的系統。

有很多人以為哲學太神祕，也有人說哲學是太空洞的學問，這原因，就由於他們不了解前面所說的對立的統一。他們只看見哲學和日常生活感想的對立和差異，卻看不見兩者的統一和共通的地方。他們以為只有日常生活中的感想才是最平凡而不神祕，最切實而不空洞。他們不知道哲學正是在日常生活的基礎上發生起來，而人們日常生活的感想也正有著豐富的哲學的萌芽；要說切實，則哲學也許會更切實；要說神祕，則日常的感想中也有很多神祕的要素。例如今年天氣不好，各處農村裡不是水災就是旱災，當遭受到這些嚴重的災難，有許多農人會認為這是命運不好，這是天意。農人自己這樣想，一點也不覺得他們心中的「命運」和「天意」等有什麼奇怪，然而只要稍稍認真地一加思索，便知道他們認為平淡無奇的這日常感想，才是最神祕，最空洞的。現實世界裡的天災人禍，本應該就在現實世界裡迫求它的原因，現在的農人卻不向現實世界裡去找原因，卻把一切都歸諸於想像的、冥冥中的主宰，這不是神祕和空洞，還是什麼？這一種神祕而空洞的日常生活的觀念，要說起來，真是多得很！但我們平日不但不覺其空洞神祕，反而以為這是最平凡，最切實，我們是在不知不覺中被自己的日常感想所欺騙了！

把神祕的東西看做不神祕，當然是有原因的。這原因，就是因為日常觀念對於我們很熟悉，由於熟悉，便不再驚異。「少見多怪」，是人之常情，見得多，就不怪了。「運氣好」、「命運不好」等類的話，我們天天說著、聽著，便不再有什麼稀奇；但研究哲學，在普通一個人的一生中是很少有，甚至於全然沒有機會的，我們看見龐大的哲學系統，便感到內容的神祕，也不外是「少見多怪」的心理之一種罷了。但雖如此，我們也不能說，一切日常的見解都是神祕而空洞，一切哲學都是切實而真確的。日常生活中也有很切實、很真確的見解，例如前面說的久別重逢的事件，大家都經過一番生活的磨鍊，發生了一切都已變動的感想，這是很真確的。因為現實世界實在是已經變動，而大家的感想都很正確地反映出現實世界的真實狀態來的緣故。我們的觀念之所以有時會錯誤而不正確，是由於人們的生活地位限制著的緣故。在生活中有奮鬥經歷的人，很容易了解世界是變動，他們會嘆息著：「一切都變了。」但在生活安穩而平淡的人，他的嘆息又不同了，他會說：「一切老是這樣，一切都沒有變動，真無聊極了！」好像連他自己會變老的事也不知道似的。由於生活地位的不同，人們的日常生活感想就有這麼大的差異。同樣，由於哲學家的地位的不同，哲學也有很大的分歧，有的哲學教人們認識現實世界的真理，有的哲學卻把人們引導到神祕的宗教的迷霧，哲學上有什麼唯物論和觀念論的分別，就在這種情形裡表現出來的。伏爾泰是法國十八世紀的大哲學家，有一次在宴會裡，當他們的朋友談起了無神論的問題時，他馬上把僕人叫到外面去，然後私下對朋友說：「在僕人前切不可主張無神論，否則他就要反叛了！」這是一個很有名的故事。大哲學家尚不能為了真理，而使自己的地位關係稍微受到影響，恐怕自己的僕人打開眼睛。這是一種有意的舉動，在觀念論哲學家中何雖然不是普遍的現象，但一切觀念論哲學家都為了地位及傳統思想的限制，而在無意中走向神祕的道路上去，則是無可疑義的事。我們平常以為哲學非常神祕，一方面固然由於我們親近哲學的機會太少，同時，觀念論哲學者的混亂，也不能不負一大部分責任。一般人明明看見世界上有的是物質，而有的哲學者的結論偏說世界是精神構成的，這怎能不使我們驚怪，怎能不使我們大叫哲學太神祕嗎？

這樣，哲學之所以神祕，主要的還是因為它被觀念論者加上了一重神祕的迷霧。因為它們站在壓迫者的地位上，要用神祕的思想來矇蔽和麻醉被壓迫者。如果我們只知道老看著這迷霧發呆，那麼，這神祕永遠還是神祕，我們就永遠不會了解什麼是哲學！

倘若我們知道了神祕的原因，並進一步起來衝破這神祕，則這神祕就絕不會長久。我們中國的廣大民族是被壓迫者，壓迫者為了自己的利益，常要用種種神祕觀點來矇蔽我們。（如日本人鼓吹的「王道」，以及東方精神文明等，都是這一類東西。）打破神祕，是我們的責任，也是我們的利益。

打破神祕的方法，第一要從日常生活中做起。前面已說過，日常生活中的感想是哲學思想的萌芽，同時，也包含著許多神祕的觀念，所以就要打破這日常生活中的神祕。譬如商店的倒閉，本來有它自己要倒閉的原因，我們本來應該去找出它的這些真正原因才對；但日常的思想有時會使我們不知道去分析這原因，卻說這是「命運」、「天意」，於是就陷入神祕的迷陣中去了。

一面在日常生活的實踐中努力清除神祕的要素，同時對於最進步、最正確的哲學系統也得加以研究。單靠個人日常生活中的努力，是太遲緩、太困難，也許還有誤入歧途的危險。最進步的哲學系統是全人類歷史的最優良的成果，它可以幫助我們更敏速，更正確地解決所要解決的問題。當然，在這裡我們仍不能忘記，哲學本身也是從日常生活的基礎裡發生的，所以我們不能把所研究的，看做凝固了的、死的規範，還應該隨時隨地應用到生活的實踐中，與生活中的一切互相印證。也許我們可以由我們的生活中找到新發現，能促進已知道的哲學系統，而使之發展、進步。要這樣，我們才可以在哲學中，愈更深刻地認識到最切實的、最不神祕的事物本身的真理。

第二章　本體論（世界觀）

二、哲學的真面目——哲學是什麼？

哲學的本身究竟是什麼東西呢？現在就得要將它看個明白。我們已知道哲學並不神祕難測，它在日常生活裡隨時隨地都有蹤跡，所以，方便得很，仍然只要從周圍隨便拾一個例子來，解釋解釋，就可以看清楚它的真面目了。

現在是經濟恐慌的時代，我們所最苦惱的是失業和生活難的問題。失業和生活難是大家都看得見，大家都容易明白的事，所以最好就把它拿來當做說明的例子。人遇到失業或生活難的時候，當然都要覺得失望的，這是人之常情，也是必然要有的感情，用不著我們多說；但除了失望之外，同時還有許多的感想，這感想，可就是人各不同了，有的人失望到了極點，會感到人生沒有意味，以為世界無可留戀，於是就自殺，這是第一。有的人相信命運觀念，遇到困難的時候，只埋怨自己的命苦，既然是命定了，當然只好忍受著，忍受著牛馬的生活，不敢希望抬頭，這是第二。又有的人認為生活難並不是生前命運注定，而是事實上有許多原因造成，如果能看清楚這原因，努力從事實上去求解決，終有一天可以將我們的生活提高，於是他臨到困難的當前，就不屈服忍受，更不會自殺，他只是認真地去研究事實，研究所以造成困難的種種原因，並且根據所研究、所知道的去決定奮鬥的方法，這是第三種。

這三種感想，只是最常見的，並不能概括一切，還有極少數地位優越，生活舒服的人，縱然遇到失業，也並不著急的，那他們的感想當然又不同了。例如一部分的少爺、小開之流，有時他們也希望找個把職業做做，表示他並不是過的白相生活。然而職業在他們只是虛榮而已，有了，不過更好玩些；沒有，打麻將、進舞場的錢也不怕沒有著落，隨事都可以用遊戲的態度一笑置之，「生活不過是夢罷了，遊戲罷了。」這種感想，和我們的真正感到生活難的人所想的，是有天和地的差別的！

扯了一大篇，似乎與哲學漠不相關，其實我們無意之間已說到本題來了。前面說了四種人，對於失業問題也有四種感想。而每一種感想裡，就都潛伏著一種哲學的根底。第一種人感到人生無聊，世界值不得留戀，這根底裡就有著「厭世主義」的哲學思想；第二種人以為困難是命中注定的，主張忍受，這裡就有宿命論的哲學思想，第三種人認為人們只要看清楚客觀事實，就可以努力克服前面的困難，這裡就有了現實主義的思想，也可以說是唯物論的哲學思想，第四種人把人生看做遊戲，把職業看做享受虛榮的手段，這是享受主義，或享樂主義，也是與一種哲學思想有關係的。這種種的感想，我們都加上了什麼什麼主義的名目，說它是哲學思想，那些專門在書齋和大學教室裡過慣了生活的人，是難免要笑我們「淺薄」的。淺薄也罷，但我們所說的總是很真實的道理。

你們許多磚一樣厚的哲學書其實也不比我們所說的高明，它不過是把這些淺薄的道理說得更有系統一點罷了。不管書本上的哲學也好，淺薄的感想也好，我們已知道哲學是有種種形相的，或是享樂主義，或是厭世主義，或是現實主義……種類多得很。一個人對於每一件事情，都能有一些感想，而由他的感想裡，就可以表現出這人的思想根底裡是有著一種什麼主義；像前所說的失業問題，本來只是一件事，然而因為各人的思想根底不同，所以對於這同一件事情各人的感想也就不同，也可以說，各人的思想根底不同，所以對於同一事情所能認識了解的情形也就不同；因此，我們可以說，哲學思想是人們的根本思想，也可以說是人們對於世界一切的根本認識和根本態度。——這就是哲學的真面目。

我們對於世界上的一切事物，凡是我們所經驗到的，都有相當的認識，但不一定是根本的認識；也有一定的態度，但不一定是根本態度。例如學生意：看行情，打算盤，是生意經中的一部分，學會了看行情，打算盤，就可以說對於生意是有一些認識；但這種認識，僅僅是限於在生意範圍以內的認識，一離開生意，就用不著這些了，所以這種認識不能成為一切事物的認識的根底，也就不是哲學的認識。交際拉攏，招攬顧客，這是生意上不可少的方法和態度，然而也是不能超出生意範圍以外的態度，所以也不能成為一個人的根本態度。像在前面說的享樂主義的世界觀就不同。一個生意人如果根本以為世界就是夢，那麼他不但對於生意可以如此看，對於生意以外的一切也可以如此看了。如果他以遊戲的態度對生意，對於做生意的目的，僅僅看成是要賺幾個錢享樂，那麼他對於世界上其他一切，也可以用這種態度來對付了。這樣一來，我們就可以說，哲學上的認識和態度，是最普遍的，最有一般性的。所謂根本認識和態度，就是最能夠普遍地應用於一般事物的認識和態度。在今日，是科學極發達的時候，有自然科學、社會科學、思維科學等等，世界上的一切現象都可以用科學來認識了。於是就有人主張要消滅哲學，單用科學來代替，這是一種錯誤。科學的研究，是各部分分門別類地實行的，所以每種科學的認識，也各有一定的範圍，至於包含一切範圍的普遍的認識，仍是哲學的任務。科學認識各種有限的範圍內的事物法則，而哲學則研究最普遍、最一般的法則。

不過，我們要認清楚一點，世界上的人只有少數人是專門哲學家，完全不懂得哲學的人，倒占大多數。所以，普通人臨到失業苦惱的當前，而有自殺或奮鬥的念頭，完全是因為他的環境、地位以及平常的思想等種種條件自然促成的，並不是先看了某種哲學書，又才由書中的理論引起了他這些念頭。雖然我們說他的態度是由一種哲學的思想根底所決定的，但這並不是說他曾經有意地研究過哲學，只是說他的思想與某一種哲學一致罷了。因為他這思想是環境等等所自然地促成的，所以如果要把它稱做哲學時，只能說那是自然發生的哲學思想，並不是有目的、有意識的哲學研究的結果。自然發生的哲學思想，完全是各人的環境地位的產物，例如前面就說過，享樂主義的思想是只有生活優裕的少爺、小姐之流才能夠想望的；如果地位不好，生活不優裕，那麼，失業問題逼來時，就只有自殺、忍苦、或奮鬥的路子，再不能妄想其他了。

人的思想行為的態度是這樣和他的生活地位有直接的關係，但有時也會受別種地位上的人們的影響。例如生活困苦的人，如果奮鬥有希望，當然是奮鬥的好；然而有時常會受到命運思想的影響，結果不肯前進，老是守著自己窮苦的命運，這種影響，也常是不知不覺中自然發生的事情。受到這種影響的人，當覺悟而不知道覺悟，結果把自己的前途也錯過了，這是常有的事。

各種人因地位不同而有各種的哲學，但各種哲學中，那一種才是正確的呢？這是我們不能不認清楚的。所以，我們不能完全順從著自然發生的思想去做事，自然發生的思想常常會將我們引入迷途，因為它常常不是正確的哲學，不是事實的真理，它使我們看錯了事物的真相，為要防止這種危險，我們就要有目的、有意識地去懂得正確的哲學，由正確的哲學裡獲得穩固的認識，找到正確的方法，去認識我們周圍的一切。有了正確的認識，才有正確的行為，才可以解決當前的困難。

哲學的主要任務是要能夠真正解決人類生活上、事實上的問題，要能真正解決這些問題，才足以證明它是事實上的真理。我們說哲學是人類對於事物的根本認識和根本態度，其意義也就在此，哲學不能單只是說得好聽的東西，還要能指導我們做事。它的「重要的問題是在於要改變世界」！

什麼是正確的哲學？為什麼它比別的哲學更正確，更能與事實真理一致，這問題，以後就要開始討論了。但我們要分做三步來講。第一步要先講世界的本身究竟是什麼東西？是物質嗎？是精神嗎？這一步的討論，叫做本體論；第二步講我們是怎樣能認識世界上的一切？這一步的討論叫做認識論；第三步講世界的一切以及我們人類的思想等等，是怎樣變化運動？是依著什麼法則變化運動的？也就是說，世界上一切事物的最普遍、最根本的變化法則是什麼？這一步的討論叫做方法論。

三、兩大類的世界觀——哲學的兩大陣營

現在還要講一次生活難的問題。同是一個生活難的問題，人們對於它所抱的見解卻有種種。見解不同，結果也就有異。有的逼得自殺了，有的倒能夠努力在困難中奮鬥，有的像牛馬一樣地忍受著痛苦，只想活得一天算一天……我們可以把第一種人叫做厭世主義者，把第二種人叫做現實主義者，把第三種人叫做宿命論者。還有一種悠哉悠哉的人，口袋裡裝滿了金錢，在失業恐慌鬧得愈是天翻地覆的時候，他愈更在那裡花天酒地地拚命尋快樂，我們又把他叫做享樂主義者。我們把這種種的人稱做什麼什麼主義者，好像他們都是一些了不得的大哲學家大思想家似的，其實讀者諸君也已經知道他們並不是哲學家思想家，乃是社會上極普通的人，例如我們所說的厭世主義者，正是報紙上幾乎每天可以看見的，那些投黃浦江的老少男女。但是因為這些人太普遍了，我們便能看輕他們嗎？這就要慢點來！要從這些人中找出個把讀飽了死書的學者，自然是辦不到，也許有的還連字也不識得半個，但他們各人也有各人的世界觀呀，他們對於世界，各人有各人的見解，各人有各人的看法呀，也就是各有各的根本態度和根本方法呀。若要問證據，那麼他們的自殺，忍受或奮鬥等等的一切行為就是最好的證據，因為這一切行為都明白地表現了他們的世界觀，他們的「見解」和「看法」，他們的根本態度和方法呀。

照我們所說的厭世主義者的「見解」來看，世界是討厭的，是沒希望的，是充滿了苦惱的，這也就是厭世主義的世界觀。這種見解使他們覺得生活在世界上只有痛苦，還不如死去的好，於是就實行自殺，照現實主義的見解來看，這世界的一切常常對於我們所要做的事情加以阻礙，使我們覺得困難，使我們發生苦惱，但如果我們能夠鬥爭，起來打破了前面的阻礙，仍可以達到我們的要求，得到勝利的歡喜，所以世界不僅是只充滿了苦惱的東西，而是我們鬥爭的對象。又照那宿命論者的見解來說，世界上的一切，冥冥中都有一個神靈支配著，一切事物都是這神靈安排決定好了的，所以我們不能妄想，不能反抗，就是苦到比牛馬不如也好，仍只能忍受！再講一講那位享樂主義者的見解吧，他會說，人生只是夢，世界只是幻影，可以享樂的時候就享樂，犯不著為了這些幻影而發生苦惱……。

上面這四種什麼什麼主義者，其實也是普通常見的幾種人。他們的見解各不相同，世界在他們的眼睛中也各有不同的形象，他們的行為也就依著世界觀的差異而成為各色各樣。他們不但有什麼什麼的主義，而且親身實行了。聽說從前希臘哲學家蘇格拉底為了自己的主張而勇敢地犧牲了自己的性命，我們就以為這是古往今來少見的大事體。其實，若要到普通的世俗人中找一找，那麼與蘇格拉底類似的事情正不知道有若干千萬，不過那些普通人並不是專門的哲學家，他們只是生活中的一分子，人們只看見他們在生活中犧牲了，而不知道（也許連他們自己也不知道）他們在生活中常常有著某種的世界觀，在生活中獲得了一定的世界觀，同時又依著這一定的世界觀而發生種種的行為，以至於因此犧牲了自己呢。

現在我們得要睜開懷疑的眼睛來看看前面說過的一切了。我們舉出了四種什麼什麼主義，四種主義中就有四種的世界觀或四種對於世界的見解，因此，世界就有了四個樣子，這個人說它是一團苦惱，那個人說它是可以被人克服的外界障礙物，又一個人說它是神靈手中的玩意兒，再一個人又說是一場夢幻，也許還有人把它看做其他的東西，不過我們現在舉不出來，那麼世界就變成四種以上的樣子了。難道這世界的本身是有四種以上的嗎？這一定沒有人相信，因為我們大家所生活的這世界，明明只有這一個，萬不會再有其他。同一個世界，在種種人的眼睛裡，會看成種種不同的樣子，這並不能怪世界的本身，應該怪各種人眼睛上戴著的那種著色眼鏡，把世界染上了不同的色彩。但要記清楚，我們說人有著色眼鏡，僅是一個比喻，並不真的指有一個人到什麼地方去買了那麼一種眼鏡來戴上，才把世界看成那種樣子的。普通一個人對於世界的見解，前面也說過，是在生活中獲得的，所以，他這著色眼鏡根本上還是由他的生活地位和環境造成。比方這兒有一個小乞丐，在小乞丐的母親看來，他還不是一個很可愛的人兒嗎？然而遇到高貴的太太小姐們，就會使他們感到齷齪、卑賤，不要說把他當做人看待，連狗都恐怕不如，因為如果是她們家裡的那隻看門狗，她們有時還肯去摸摸牠的毛呢！再舉一個譬喻，我們不是還記得有一句「井底之蛙」的古話嗎？

普通我們所看見的天空，是茫無際限非常廣大的，但那在井底生活著的青蛙，只看見井口圓圓的一小塊天空，就以為天空只是那麼一點兒，這也是生活地位限制著，使牠不能放大了眼光看的緣故。世界對於一個人，就好像這裡所說的小乞丐和天空一樣，生活地位不同，所感覺到的樣子也就兩樣。種種的什麼什麼主義或世界觀就是這樣成功了。

生活是會變動的，所以人的世界觀也不是永遠死死地刻在一個人身上，有時也會變動。有錢的小開們很容易成為享樂主義者，但如果他老子的公司忽然破了產，接著那舞場裡的情婦也因為缺少了錢而另換上一副臉孔時，那時夢幻的世界就會一變而成苦惱的世界，享樂主義就要變成厭世主義者了。所以，一個人的世界觀是會變動的。熱心的讀者諸君到這裡也許會忍不住要問：我們已知道世界觀有許多種了。但世界只是一個，而映在人的眼睛中的樣子，竟有這麼多的差異，到底哪一種樣子是世界的真面目呢？換一句話說，哪一種世界觀才是正確的呢？

這是當然的要求。已知道了種種的世界觀以後，接著就應該能分辨什麼是正確的世界觀，高貴的小姐和乞丐的母親，對於乞丐各有各的見解，到底哪一種見解是真的呢？但對於讀者諸君的要求，我們並不能輕率地馬上答覆，答覆得太快，就沒有好處。現在還得要更進一步，再研究一下這多種的什麼什麼主義的內容。把內容充分看清楚了，才能認識哪一種是正確的世界觀，哪一種是歪曲不正的，才能夠分清楚高貴的小姐對於小乞丐的感覺，和小乞丐的母親眼中所見的小乞丐比較起來，究竟哪一方面更真實些。「為什麼還要研究內容呢？」也許有人就要這樣問。「前面不是已經研究過了嗎？前面說世界是幻夢的，不正是享樂主義世界觀的內容嗎？說世界上有神靈支配的，不正是宿命論世界觀的內容嗎？……除此而外，難道還有另外的內容？」不錯，這問題問得很要緊，世界觀的內容，前面已經多少指出一些來了。我們所指出的四種人眼中的世界的樣子，正是世界觀的內容，正是世界觀的內容所表現出來的各種形象。但是，我們所指出來的也只是它「所表現出來的形象」，還沒有講到它的根本性質是什麼。用哲學上的名詞來說，就是我們才只看見了「現象」，還沒有把握到「本質」。我們所以要更進一步的研究，就為著想認清楚這本質。內容還是那同樣的內容，不過要想能夠知道得更深刻一點罷了。我們所指出來的世界觀的現象只是四種，但現象的形態是非常多的，我們已經說過有四種以上，其實若把全部哲學史上所記載的一切都列舉下來時，就說一千種以上，恐怕也不算過分的。什麼功利主義哪、唯情主義哪、直覺主義哪、虛無主義哪……單記一記這些什麼什麼主義的名字，也就夠你費些工夫，我們忙於生活的讀者，也沒有閒心來記這些無聊名詞，其實記了也沒有多大用處，所以最好還是不要顧慮它。我們正經的事情還是要看一看這千種萬樣的現象形態裡，包藏著什麼本質。

一從本質上看，那千種以上的現象形態便沒有了。世界觀的內容雖然表現出這麼多的形象，但從它的根本性質上來看時，就可以是怎樣的兩大類呢？現在就要答覆這個問題。我們天天睜著眼睛看我們的世界，就知道這裡的事物真是多到計算不清。從天空到地上，從周圍的一切到我們自己，這形形色色的許多事物，就是用「萬花撩亂」這句話怕也不夠形容它的繁多。但事物雖然這樣繁多，我們卻並不全被它弄得頭昏眼花，仍能夠清清醒醒地照常生活下去。這不能不歸功於我們自己有分辨能力，從零亂不堪的宇宙萬物中看出種種的秩序，我們能分清楚某些東西是動物，某些又是植物……。

最後，我們還可以將世界的一切分為兩大部分。一部分是屬於我們自己的，例如我們的思想、感覺、意志、感情等等；一部分是屬於我們以外的，這就是天上地下以及周圍的一切事物。屬於我們自己的，我們叫做主觀的事物；屬於外界的，我們叫做客觀的事物，這就是世界一切事物的兩大根本分類。然而世界上這兩大類的事物，雖然被我們分開了，實際上它們中間並沒有隔著萬里長城。它們互相間還是常常發生關係。例如這裡有一把椅子，我們認為它是客觀的事物，但它映到我們的眼睛裡，就在我們心中引起了椅子的感覺，所以又和主觀發生關係了。又如我們想拖開那把椅子，這是主觀的思想，但這思想就引起了我們的動作，我們就把椅子拖開去，這又和客觀的事物發生關係了。主觀與客觀的這種關係，是無時無刻不存在的。但為什麼會發生關係呢？無形的主觀思想怎樣能與有形的客觀事物互相影響呢？這是哲學上的一個最根本的問題。因為主觀與客觀是世界上一切事物的兩大根本分類，所以只要解決了這問題，就對於世界得到了一種根本的見解，也就是有了一種世界觀，也就是對於世界有了一種根本的態度和方法。

現在就要回到我們本來的題目了。我們不是要研究那千種以上的世界觀的根本性質嗎？我們說，這麼多的世界觀，從根本性質上看來，只有兩大類，是怎樣的兩大類呢？現在就可以解決了。哲學上的根本問題，如剛才所說，就是主觀與客觀怎樣發生關係的問題，世界觀的根本性質，也只要看它怎樣解決這個問題，就可以決定了。試把前面享樂主義的世界觀拿來看吧，它把世界上的一切都當做夢，當做人們心中的幻影，這是怎樣解決了主觀與客觀的問題呢？它是完全不承認客觀事物的存在了，它把客觀事物都當做主觀中的幻影，以為世界上除了主觀的東西以外，什麼也不存在。它過分誇大了主觀，以至於否定了客觀事物，我們就把它稱做觀念論。再拿那宿命論者的世界觀來看吧，它把世界當做神靈手中的玩意兒，世界的一切都受著神的心意的支配。這種世界觀，雖然並不完全否認了客觀事物，但它把一切客觀事物都當做神靈的心意所產生的，彷彿一切都是由一種神化了的主觀心意創造出來，並且服從著這種主觀心意。這仍是把主觀的事物當做最先的存在和最高的存在，把客觀的事物當做附屬品，所以還是一種觀念論的世界觀。此外如把世界當做一團苦惱的，或是如中國儒家哲學一樣，認為世界是一種神祕莫測的精靈之氣變化而成，這一類的世界觀，都是把客觀的世界當做主觀的東西去看待，也是一種觀念論。這觀念論，正是我們所說的兩大類世界觀中之一類。其次，還有另一大類的世界觀，它對於主觀客觀的問題的解決是：認為客觀的世界是在主觀之外獨立地存在著，並不是幻影；客觀事物的種種變化，也是依照著它自己的性質變化的，並不是神靈的心意要它這樣它才這樣。它的變化有一定的方式，這方式，科學家稱為「法則」，一種事物的變化有一種的法則，我們不能夠隨著自己的心意妄想將法則更動，我們若要改變事物，只能利用這法則，隨著這法則去推動事物，才能達到目的。例如市面上流通貨幣（或稱通貨）太多的時候，物價就會高漲，這是一種法則，（即通貨膨脹的法則）我們絕不能違反這法則，所以不能在通貨太多的時候還希望物價能夠跌落，要想使物價跌落，只能依照著這法則，將通貨的數量減少。所以我們的主觀並不能自由改變客觀事物，只能利用客觀事物本身的法則去推動它。還有，這種世界觀不但承認客觀事物有獨立的存在和獨立的法則，並且認為，就是主觀，也只是從客觀事物中產生出來的，是從客觀世界中派生出來的；例如一個人，他的身體，他的腦髓，都是客觀事物之一，但因為有了腦髓，才有他的思想等等，失去了腦髓，他便不會思想了，所以他的主觀思想是以腦髓為基礎的，也就是在客觀事物的一部分上產生出來的。這樣，承認客觀事物的獨立存在和獨立法則，又承認主觀是由客觀中派生出來，這一大類的世界觀，我們就叫做唯物論的世界觀。前面說的現實主義者的世界觀，正是一種唯物論的世界觀。

觀念論和唯物論，是一切哲學上的兩大類；這是哲學史上互相鬥爭的兩大陣營。無論那一種哲學，不管它標榜著什麼招牌，總可以歸入任何一類，會傾向於兩類中的一類。世界上找不到第三類的哲學，即使有，也只是把兩類拉連一下，弄得一半是觀念論，一半是唯物論，也並不是純粹的第三種東西。這叫做二元論，關於這些，我們以後又再說，現在篇幅已經不容我們多講了。

四、一塊招牌上的種種花樣——觀念論和二元論

從小就聽見過這樣一個故事：據說在一條路上，有兩個人碰在一起，同時看見路旁掛著的一塊招牌。招牌的正面塗著金色，背面塗著紅色。甲從正面來，看見了金色，說招牌是金子做的；乙從背面來，看見招牌的背面，一口咬定是紅色。兩個人堅持自己的主張，不肯相讓，於是爭執、吵鬥，以至於打起架來。後來是一個和尚出來調解，提醒了兩人的偏見，大家才明白剛才的爭執，都是毫無意味。原來招牌的本身兼有兩面，而每人只看見一面。所有的爭執，其實都是各人眼光狹隘的結果。故事就只這一點。大約因為和尚一經指點，兩人並不再爭執，於是故事也就完結了。但我們若能再深深地一想，就可以知道這還不能算完全沒有問題。兩個人中如果有一個肯用一點思想，馬上就會追問：「是的，招牌兩面的顏色果然不同。但僅只知道這一點，還不能滿足我們。我們還要再問，招牌的本身是什麼造成的？是木頭嗎？金屬嗎？抑或其他的東西？」這問題似乎很容易解答，因為木頭或金屬等等東西是很容易辨別的，掂一掂重量，敲一敲聲音，不必怎樣麻煩，就可以看出它是用什麼造成。但是，這只能就普通的解答來說，若站在哲學的觀點上來談這問題，那麼，花樣就多起來了。那時人們就要依照著自己的世界觀來解決這個問題。主張「人生若夢」的觀念論者，會告訴我們說：「你說是一塊招牌，在我看來卻什麼也不是，只

是一團感覺，一團幻影罷了。有時感覺到它是金色，有時又是紅色，什麼木頭金屬等，也都離不了感覺。沒有感覺，根本這些東西都不會存在。」另外一個宿命論者，我們已說過，他是相信冥冥中有神靈主宰一切的，發表他的意見道：「世界是神們隨自己的高興安排成功的，前面這塊招牌，也不外是神的心意的表現，並不全是我的感覺。」唯物論者意見卻直截了當得很：「招牌就是掛在那兒的招牌，它掛在那兒，它的本身也就在那兒。它並不是我們的感覺，我們的感覺是招牌觸及我們的感官而引起來的，它也不是神意的表現，它只是自己存在那兒的物質。」

這就是一塊招牌上的種種花樣，每種花樣表現著一種世界觀。世界觀是有千種以上的，那麼花樣也當然可以翻出千種以上，我們現在因為沒有工夫，所以只舉了三種。但世界觀種類雖多，從根本性質上看來，卻只有唯物論和觀念論兩大類，因此，在招牌上所翻出來的花樣，自然也只有兩大類了。雖然我們也承認還有一種二元論，但它只是把觀念論和唯物論拉連一下，弄得一半是唯物論，一半是觀念論，不文又不武，並不能算是純粹新的第三種花樣。我們現在暫且把它放下不提，等到後面再說。

現在要詳細地說一說的，是那把世界和招牌當做一團感覺的觀念論。它完全否認了客觀東西的存在，以為世界的一切只是主觀的東西，所以，除了觀念論這一個總名稱以外，它還私自有一個特別的名字，叫做「主觀的觀念論」。它的擁護者很多，單就西洋來說：兩千年前希臘的詭辯哲學家，就有一大部分讚美過它。其次，在十七世紀時候，英國的大哲學家勃克來和休謨兩人更把它捧到天上去。二十世紀以來，更有（以德國為首的）經驗批判論者把它傳播到了全歐洲，這是它最出風頭的時候。在中國的哲學者中，它並沒有完全的信奉者，詩人李白雖然高呼過「浮世若夢」的話，但他並不是哲學家，只有那佛學中的一部分的道理，還比較與它近似。但這主觀的觀念論，實在有很多的使我們不能佩服的地方，我們很容易看出它的馬腳。擁護它的人說世界只有感覺，那麼我們就要問：「這感覺是從那裡來的呢？這萬花撩亂的感覺現象，總應該有一個來源。」對於這問題，主觀的觀念論者很難答覆，因為如果要使他的主張徹底，他應該說：「世界就只是我自己的感覺，所以也就只是我自己內部生出來的，並沒有其他來源。」這樣一來，我們馬上就可以指出它的荒謬：「世界既然都只是我的感覺，那麼，整個的世界就只是我一個人了。除了我一個人之外，一切都不是真實存在的東西了。」這就成了獨在論，任怎樣狂妄的哲學家，也不至於會主張獨在論吧。有誰敢於說：「我不是我父母生的，恰恰相反，我的父母才是我的感覺所生出來的？」有誰敢說：「並不是我生存在世界上，恰恰相反，整個的世界才是在我的感覺中生存著的」呢？主觀的觀念論者為要避免這種不通的地方，所以，並不敢徹底地主張獨在論。他不得不給感覺找一個另外的來源。從哪裡去找呢？他本來可以說，感覺的來源就是外界的物質，但他不能承認物質，一承認有物質，就不成其為主觀的觀念論了。結果，他就不得不向神靈求救說：「感覺是神的心中發生的，我們的感覺，就是神的感覺的一小部分。」於是這主觀的觀念論，最後也和前面的宿命論一樣，只有走到宗教的懷中去了。

我們說主觀的觀念論會走向宗教的懷中去，其實這不單是主觀的觀念論，凡是一切的觀念論者，直接間接地都和宗教有點緣法。因為，一切觀念論的根本性質，就是在於誇大了主觀的東西，換一句話說，它誇大了感覺、思想、心靈等等一切屬於精神方面的東西。結果才以為只有精神，沒有物質，至少也主張物質完全受精神支配。而宗教的世界裡，最高的支配者是神，是神的心意，或精神支配物質，這一點，不是很和觀念論相同的嗎？自然，宗教也有宗教獨自的特點，不能與觀念論完全混為一談。宗教的世界觀是用迷信和神話來表現的，宗教裡還有種種規定的儀式，用儀式來堅強人們的信心。這一切特點，都不是哲學的觀念論所有的。但是，觀念論雖然沒有迷信和儀式，它的根本思想卻與宗教一致，它用冠冕堂皇的道理和巧妙的言論來說服你，使你信服那與宗教一致的根本思想，無意中把你拖到宗教的廟子裡去。觀念論本身雖然不是宗教，但它卻是走向宗教去的一條堅硬的橋梁，迷信和儀式只能使無知的人去燒香拜佛，但有了觀念論的幫助，就是學者思想家也會去念經敲木魚。它的力量其實是不小的。

明白了觀念論的底細，我們得要談談二元論的花樣了。已經說過，二元論不是一件特別的東西，它不過是將觀念論和唯物論拉連一下，一樣給它占一半的地位。在十八世紀末葉時候，德國的哲學家康德，就是一個最大的二元論者。由他這裡來看二元論的真面目，有許多地方是很有趣的。如果他的前面有一塊招牌，他一定承認它是客觀的東西，承認它在外界獨立存在著，並且承認那是物質。但他又說，這物質的本來面目是什麼，我們卻不能夠認識。我們所能看見的這世界，這招牌，只有我們的感覺，只是一個「現象世界」，而那物質的本來面目（他稱為「物自體」），卻與這現象世界完全不同。我們看見這塊招牌，看見它占據著一定的空間，看見它在時間裡是連繫地存在著，我們還知道它有一定的重量、性質等等，而這空間、時間、重量、性質等等，康德以為也不是物自體上的東西，都是我們的主觀內容。你如果問他：「你的一切感覺是那裡來的？」他可以答覆你，感覺是物自體觸動我們的感官而引起的，這一點可以算是唯物論了，但回過頭來他又會說，感覺世界與物自體完全不同，我們所看見的都是主觀的幻影；於是又成為主觀的觀念論了。這兩方面合併起來，就成了康德的二元論。

但二元論的腳根是站不穩的。這就好像一個人要騎著兩匹馬跑，非常不便而又危險！結果，只有隨便丟棄了一匹，才能解決這危機。康德的哲學就是處在這樣的一個地位上，他一腳騎著觀念論，一腳騎著唯物論，兩匹馬衝突起來，就使他駕馭不了。這是早已有人指出過的。人們問康德道：「物自體既然認識不到，那為什麼能武斷它是存在的呢？譬如，你前面有一間屋，當你還沒有方法認識它的內部的時候，你怎能斷定裡面有人呢？」實際上，康德就是這樣，他還沒有認識到屋子的內部，就想斷定屋子裡有人；他不能認識物自體，卻偏要說物自體存在，這是不合理的。後來他的學生費希特（Fichte）看清楚了這是缺點，索性就把物自體取消，否認了物質的存在，於是二元論終於騎到觀念論的馬上去了。

即使退一步，對於它那善於害羞的物自體不加以責難，就算它真的躲藏在那兒吧。即使承認是這樣，康德仍然會走到觀念論去的。因為他要解決一個很難的問題：世界的本身既然就是物自體的世界，那麼我們也當然是在物自體的內部生存著的。我們在物自體中生存著，而我們都看不見它！原來我們的生活就像瞎子走路一樣，不，我們還比瞎子壞，瞎子雖然沒有眼睛，還可以借觸覺來辨別他的道路，我們卻根本觸不到我們的道路；我們就好像夢遊者，只看見自己的夢，前面有危險的懸崖，一點也不會察覺。然而世界上這樣多的夢遊者，為什麼都能夠好好的生活下去呢？為什麼他在生活中竟不會落進物自體的懸崖裡去？這一個問題，康德就沒有辦法作合理的解答，他只好說：「這是幸運。」這樣一來，命運之神的心意又支配起世界來了，又丟了唯物論的馬，一直衝到宗教的殿堂裡去。——這是二元論的必然的命運。

總之，二元論是容易搖身一變成觀念論的。這兩種花樣，結局還是會合併成一種花樣。但我們已經說得夠了，以後再談唯物論的花樣吧。

五、客觀的東西是什麼——唯物論

這一次講的是唯物論。說到唯物論，它的第一個特點，就是承認客觀的東西。主觀的觀念論把世界全當做我們的感覺思想，說世界只是我們心中的幻影，說「人生如夢」。但唯物論絕不這樣，它相信世界不是幻影，而是真實地在外界存在著的東西。這是唯物論的根本的思想，沒有這一點，就沒有資格算做唯物論。但是，單單有這一點，也不見得馬上就成唯物論。因為我們還要問：「這裡所承認的客觀的東西，究竟是些什麼？」這是一個很重要的問題，若解答得不對，還是會變成觀念論。例如，有的人就會這樣答覆：「我們承認客觀的東西就是物質，但物質是死的、僵固的，若沒有另外的力量推動它，它絕不會自己運動變化。一塊石頭自己會飛起來嗎？不會的，要用手將它拿起來，抛它，它才會飛。由此類推，世界上一切物質的形形色色的運動，必有一種另外的力量推動它。」

這一種見解，是在日常普通人中最容易發生的，因為它和世俗的常識很接近。但這能算唯物論嗎？這裡說物質的運動變化必須有另外的力量推動。所謂另外的力量，當然不能再是物質。物質自己尚且不能運動，怎能推動其他的物質呢？於是乎就不能不說這是心靈，是精神，這樣一來，精神就是世界萬物的推動力，支配者，心靈的力量便高坐在物質之上，就是主觀的東西高坐在客觀物質之上，這不是觀念論還是什麼？這至多只能算假的唯物論。這裡所謂的客觀的東西，是物質和精神兩樣都有的。並且，就像耍木頭人戲一樣，物質是永遠被精神拿著任意地戲耍。這樣見解，馬上就被宗教家所利用說：「那精神的東西，就是神，神支配一切，安排一切，物質世界的任何事件都是受神的力量左右的。」這就是我們曾經說過的宿命論的世界觀。也有的人，說精神就是指靈魂而言，萬物都各有它自已的靈魂，靈魂推動著它，它就活動，失去了靈魂，活動便停止。人的死，據說就是靈魂脫離軀殼的結果。這靈魂，也有的人叫做「生氣」或「活力」。萬物都有靈魂的主張，在哲學上也叫做「萬物有生論」或「物活論」。它與宗教的關係，當然也是很密切的，和尚尼姑不是常常替死人超渡靈魂嗎？

這種見解很幼稚，而且有很多不合理的地方。就最重要的一、兩點來說，它認為精神能夠在物質之外獨立存在，能自由地離開物質，而這事實上卻不能夠直接證明。我們所見的一切精神的東西，都是附屬在一定的物體上表現出來的。例如說到感情和思想，我們只有張三或李四的某種感情思想，絕不會在天空裡也看見有什麼感情思想。迷信的人會說夢中的鬼怪神靈就是獨立存在的精神，殊不知那只是他自己的夢，只是他自己的頭腦中幻想出來的東西，也離不開他自己的頭腦，怎能算獨立存在的東西？再說，就算退一步，承認精神能夠離開物質的存在，那又有一個不能解決的問題：這無形無體的精神，為什麼能推動有形體的物質呢？譬如我們前面有一塊石頭，單單用思想要它飛起，石頭就會飛起來嗎？不能的，要用手拋。但手是物質，所以物質還是要由物質來推動。單單的精神是不會發生作用的，世界的木頭人戲不是精神能夠耍得起來的。

現在可以說到唯物論了。照例先要答覆這一個問題：客觀的東西是些什麼，唯物論的答覆是：「客觀的東西就只有物質，不是死的物質，物質本身會自己運動，用不著其他的力量來推它，宇宙間一切千變萬化的現象，都是物質自己運動的過程。」唯物論的答案，和觀念論是勢不兩立的。

它將一切的精神、心靈、神怪、迷信等通通打倒。在社會政治上有激烈的變動的時候，它代表著前進者的思想。法國十八世紀的唯物論，就是一個很顯明的例子。但唯物論也有種種，像法國十八世紀的那種唯物論，我們叫做「機械論的唯物論」，它主張一切物質的變化運動，都是機械的變化和運動。所謂機械的運動，簡單地說來，就是單單位置上和數量上的變化，而不是性質上的變化。機械論者以為，世界上的物質性質是永遠不變的，我們所看見的事物的種種樣樣的性質，都可以用位置和數量的變化來解釋。那時的法國唯物論者拉美特裡曾著過一本書，題名：《人－機械》，也可以翻譯作《人就是機械》，就是把人類當做機械來解釋的。

這機械論的唯物論，在十八世紀的時候，曾經代表著法國的新興資本主義勢力，與舊的封建勢力打過一次戰，在哲學上盡了一番革命的任務。不過，到現在已經是一百多年了，這一百多年以來，不論哲學上和科學上，都有了無數新的發現和新的進步，於是在現在看起來，那機械論的唯物論就不免有點老朽的樣子，最大的，例如它不承認性質的變化，這一點就很說不過去。像人類的思想和感情，要用這種見解來說明，就很困難了。我們固然可以說，思想是頭腦中的物質分子的一種運動，但要知道機械論只承認位置上的移動。既然只是位置上的移動，那為什麼又會另外發生思想呢？思想並不就等於位置的移動呀。十八世紀的機械唯物論不能解釋這一個問題，結果，就被後來的觀念論打敗。這些勝利的觀念論者，就是十九世紀的幾個德國大哲學家，我們聽得很熟的黑格爾，是他們中間最後的，而又最偉大的一個。他們把客觀世界裡的物質壓根兒掃去了，他們說：「客觀的東西根本就只有精神，一切的運動變化，就只是精神在那兒變化，物質不過是精神運動的一種表現罷了，它不是獨立的東西。用手抛石頭，並不是精神推動物質，也不是物質推動物質，還是精神自己在運動，飛起來的不是石頭，而是精神自己。」這一種觀念論，和主觀的觀念論又有點不同。主觀的觀念論認為世界只是我們的主觀內容，和我們的主觀分不開，而這種觀念論卻認為可以分開，認為是客觀的存在，只不過它本身的性質和我們的主觀是同樣的東西，換一句話說，世界的本身也只是一種思想的運動。在哲學上，這就叫做「客觀的觀念論」。

客觀的觀念論使客觀的東西和主觀的東西同一化，於是乎它就很容易解釋人類的頭腦中為什麼會發生思想。世界本身就是一部大思想，而人又是世界的一部分，世界思想在人類的頭腦中又重現出來，這當然不能算怪事了。客觀的觀念論能夠解釋清楚這一點，所以它就戰勝了機械的唯物論。

但是，另外還有一種唯物論，卻不像機械的唯物論那麼軟弱。這一種唯物論不但承認物質的數量和位置的變動，同時更看重性質的變化。不但看重性質的變化，並且認為性質能夠發展，能夠進化。因為性質的發展和進化，所以物質又能夠從低級的、簡單的狀態，變化成高級的狀態，高級的物質就具有著高級的性質。人類是世界上的最高級的物質，人類的思想就是一種高級的物質性質。因為，思想或精神只是物質發展到最高階段的產物，是由物質中派生出來的。

這一種唯物論，是最近七、八十年來一天比一天普遍起來的新唯物論，它能合理地解釋思想和精神發生的原因，所以不再會被客觀的觀念論打敗。不，客觀的觀念論才是被新唯物論打敗了的。還在一百年前，最偉大的客觀的觀念論者黑格爾已經漸漸站不住腳。他把世界看做思想的運動，這思想，他稱為「世界理性」。但我們明明看見客觀世界上全是物質，至少，最主要的東西都是物質，難道這可以一筆抹殺的嗎?黑格爾也知道不能抹殺，他不能不加以相當的解釋，說物質是精神的「他在」，這就是說，物質只是精神的另外一種形態，在形態上是物質，而根底裡還是精神，還是思想或理性。他相信世界上物質的變化和我們頭腦中的思想的變化，在性質上完全是一樣的，因此，當他研究一切的事物時，他總是用思想的形式做標準，也就是用他的「論理學」做標準。他要將世界萬物都嵌進他的一部論理學裡面，用論理學中的規則來解釋一切。結果，因為物質究竟是物質，有時雖然也解釋得通，有時卻常常碰釘子。這是客觀的觀念論的弱點。黑格爾遇到他的論理學不能解釋事物的時候，他自己也知道是碰釘子了。但他固執著的觀念論，不肯承認自己的錯誤，不但不承認錯誤，並且還要咒罵那給他吃釘子的事物說：「這是物質在搗亂！」

然而，罵是不中用的，謾罵絕不會使人心服；他碰釘子總不是假事，既然碰釘子，所以就站不住腳了。於是，新唯物論就起來打敗了它。

六、不如意的事——物質的特點

在生活的實踐中，我們常常感到有很多事情不能如意。簡單點說，例如天氣冷了，絕不因為我們怕冷，氣候就會緩和一點。走出屋子外去，北風就像刀一樣的刺著我們的肌膚，這時我們也許會有一種希望，希望北風不要吹得這樣厲害，但我們的希望是我們的希望，北風仍是北風。北風的冷酷絕不因為我們心中的希望而減少下去。這樣簡單的生活事實，這樣簡單的實踐，就足以證明，我們周圍的一切事物，是獨立在外的東西，它不受我們的心意的支配，不但不受心意的支配，還常常是違反著我們的心意，在外界獨立地運動，獨立地變化，甚至於會妨害我們的生活。我們要減少它的妨害，空空的用希望去希望它，是不行的，只有設法用物質的力量和它抗爭。要阻止北風的淫威，就得加添點衣服或是燒起火爐來，或是多多的運動運動，藉此增加身體內部的熱力。不這樣做，就難以保全我們的生命，北風是不懂得體貼人的苦痛的！

再說一說社會上的事情，這兩年來，世界各國間的空氣非常不安，一場大戰看起來是不能免了，於是就有人來做「祈禱和平」的大會。和平可以祈禱得來的嗎？宗教家說：「是的！因為世界是在神的支配勢力之下，向神祈禱，神就可以給我們和平。」但是，實際的情勢又證明了，戰爭的風雲並不因為有人的祈禱而緩和下去，反而一天比一天更緊張起來，這又明明是在告訴我們，周圍的一切事物，是獨立地在那兒運動，在那兒變化，既不受人的心意支配，神的支配也未見得可靠。和平與祈禱，更是天和地一樣的沒有關聯，要和平，應該走另外的道路。

年齡大一點老人們，也許還親眼見過前清時候義和團的亂事。他可以告訴我們，義和團在當時曾想用符咒抵禦外人的槍彈。結果不但抵禦不了，反而惹得八國聯軍攻進北京，慘殺了多少無辜的人。這歷史的實踐對於中國人是一個很大的教訓，使中國人知道迷信符咒也不是萬能的，槍彈有槍彈的實在的力量，這東西也不是人的心意或什麼神祕的方法可以左右的。

我們對於世界的認識，是在實踐中得來的。在實踐中，幾乎免不了總要有一些痛苦的失敗，一些血腥的犧牲，但也只有實踐，才能夠給我們許多豐富而真實的教訓，矯正我們的錯誤，給我們豐富的真實的知識。實踐證明我們的周圍是一個獨立存在著的世界，它獨立地變化，運動，沒有任何其他的外力支配著它。這樣的世界，就是物質的世界。

我們對於這物質的世界，由實踐的種種證明，更可以相信它有以下的特點：

第一我們要說，物質世界是一種客觀的獨立的存在。我們已經知道，客觀就是指我們自己的心意以外的一切東西。物質是在我們的心意之外存在著，所以是客觀的。現在我們不再相信主觀的觀念論者的呻吟了。他說世界只是夢幻，只是感覺。但我們的實踐能夠證明並不如此。我們的夢幻和感覺並不就是世界，只是由世界的物質引起來的東西。我們覺得冷，這不單只是我們的感覺，也因為周圍真的有這樣的氣候，這氣候觸動了我們皮膚上的感官，所以才覺得冷。如果只是我們自己的感覺，那麼，它應該服從我們的心意的命令，為什麼我們希望它不要冷，它卻偏會冷得不得了呢？

其次，實踐為我們證明，一切物質都會自己變化，自己運動，不能自己運動的物質，是不可以想像的。如果我們說物質自己不會變化，那麼，世界上一切千變萬化的現象是從那兒來的呢？在這裡，我們就不能不另外假定一種東西，作為物質的推動者，於是我們就和萬物有生論者一樣，至少說物質是被一種心靈的力量推動著，這心靈的力量就是靈魂或神。但是，我們的實踐已證明過，神靈的支配是靠不住的，我們只看見過物質世界在那兒獨立地運動，變化，神靈的影子半點也沒有。我們看見許多人在求神拜佛，而求神拜佛的結果並不見得就能達到所希望的目的。我們看見義和團想用符咒抵抗槍炮，結果這符咒的力量，是等於烏有，還是一二八時候的民眾，用自己的血和肉去抵抗，更有效得多。物質世界的運動和變化，在實踐中證明是獨立的，那麼，除了承認物質自己能變化運動之外，我們能解釋這世界上一切的現象嗎？如果不承認，一切變化現象的來源不是就不可以想像了嗎？所以說，不會自己變化的物質，是不可以想像的。

客觀的存在，和自己的運動變化，是物質的兩大根本特點。物質的變化是無窮的，一塊鐵，放在濕的空氣裡，會生鏽，變成黃紅色的粉末；放在熔爐裡，就成液體。太陽內部的鐵，大部分卻是氣體。我們的血液裡，也有鐵質，如果鐵質減少，就會生貧血病。菠菜裡面也有鐵質，吃了菠菜，裡面的鐵質，就補充到血液裡去，使貧血病緩和下去。同是一種鐵，會有這樣多的形態。我們再看物質的運動，一塊塊的煤，燒起來，變成灰，並且發生很大的熱，這熱可以燒水，使水變成蒸氣。這蒸氣在工廠的鍋爐裡，就能夠成為很大的力，推動蒸氣機關，蒸氣機關使發電機的摩托轉動起來，於是發生了電，全市就可以點電燈，駛電車。用電機推動種種的機器，做種種的工作。這種種的運動變化，可以連繫到無窮無盡，整個的世界就是在這無窮無盡的運動變化中連繫成一個統一體。我們就是在這樣的一個世界中生活著，行動著，我們自身也就是物質之一。因此我們的生活受著這世界上無窮無盡的物質所影響，我們無時無刻不是和這世界的物質衝擊，物質對於我們常常表現著一種反抗的力，妨害的力，使我們感覺到種種的不如意。而我們的生話也就不得不是一種掙扎的生活，鬥爭的生活。這無窮無盡的運動，並不是絕對的混亂。物質運動的每一種形態，都有一定的限制，一定的規則，水到冰點的氣候就結冰，到百度的熱度就沸騰。鐵經過適當的鍛鍊就可以製鋼，可以製造機器。就人類自己來說，每天做十小時的工作，總得要攝一定的飲食，不可過多，也不能太少。天氣冷，穿厚點衣服，是可以抵禦的。物質變化的這一定的規則，精密地規定起來，就成為種種的科學的法則。物質運動的法則，也是我們在長久的實踐中證明了的。人類因為生活常常不如意，常常要掙扎、鬥爭，所以就必須在實踐中去認識物質運動的法則，利用這些法則，才能夠作有效的鬥爭和掙扎，才能夠使不如意的事轉變為如意的事。祈禱，求神，一切都是無益。現在我們已說到認識世界的問題了，這等以後講吧。

七、牛角尖旅行記——哲學的物質和科學的物質

自從《人間世》把小品文大吹大擂以後，「牛角尖」這名詞就在文壇上非常流行了。所謂「躲在牛角尖裡」，意思大概是諷刺那做小品文，談蒼蠅，專門向小處鑽的幽默家吧？這是我的猜測，如果不對，請考據家原諒，因為我從來就沒有學過考證的玩意兒。總之，我們現在也想向牛角尖去鑽一次，目的也是要去找一點小品文的材料。不過我們不是雅人，不懂得「性靈」，除了一點生硬的科學常識以外，不懂得其他的東西，所以也不會幽默，不敢摹仿林大師的「文言之白」的那一手好白話文，只願做一篇科學小品。

在我們看來，牛角尖裡也有著一條很長很長的路途，要想走到它最尖的地方，必須作一次長途旅行。世人以為談蒼蠅就算在牛角尖裡了，其實牛角裡能夠容納蒼蠅的地方，空隙還很大，離那最微、最尖處還遠得很呢。我們的旅行要更徹底些，走到那不但蒼蠅不能住，連蚤虱螞蟻也容不下的尖處去。同時我們自己的身體也自然要跟著縮小，眼睛也要跟著放敏銳，這樣我們才可以在旅行中，觀光到一切很微小的東西，這些東西比螞蟻還小到不知若干萬倍，普通人的眼睛是完全看不見的。

好，現在就從牛角口鑽進去吧！從這裡一直走到蒼蠅所在的地方，周圍的情形並沒有很

顯著的變異，牛角的洞壁始終是牛角的角質，洞壁的中間自然是一個洞兒，充滿了空氣。這空氣也始終是普通的空氣：看不見，捉不到，嗅不出任何氣味來，用手使勁地拂一拂，才可以感覺到微微的有點風。不過我們愈走進去，洞兒就愈更狹窄，牛角口最初有碗口大，現在卻只能容納一個蒼蠅了。

從蒼蠅的身旁通過，愈前進，我們的身體也就要愈縮小。到了極狹窄的地方，我們就必須縮小得像一粒灰塵一樣，才能夠自由地前進。這時雖然沒有到最尖的地方，卻已經開始看見新的事情發生了，我們這微塵的身體，正在飄飄地走著的時候，忽然覺得好像走進了沙漠地帶，無數的飛沙撲打到身上來，弄得搖搖晃晃地簡直走不穩。幸而這種飛沙不是從一面吹來，而是從四面八方撲來的，所以雖有點搖晃，卻並沒有跌倒。牛角尖裡也有沙漠嗎？起初自己還有點不明了，接著才想起，我們平常所接觸的空氣，原來是由無數極細極小，眼睛全然看不見的「分子」組成的，這無數的分子在空中飛來飛去，沒有一刻停息，不過平常我們不覺得，現在我們的身體已經縮小得和一粒灰塵一樣大了，分子雖小，打擊到微塵上來，也能夠發生了影響，因此我們就以為是在沙漠中了。這時我們的眼睛也變得非常敏銳，一粒空氣的分子，在我們看來就好像一粒細砂。再看一看牛角的洞壁，原先不是只見一片平平坦坦的角質嗎？現在是變得多麼異樣了！洞壁的全部像蜂窩一樣，全是由一間一間式樣相同的小屋子湊集成的！每一間小屋子又是由各式各樣的磚瓦所砌成。這些小屋子，就是生物學書上所說的細胞。一切的動物、植物的身體，都是一種細胞的集團，牛角的這種細胞，叫做角質細胞。細胞的本身，又是無數的分子合成的，砌成這些牛角小屋的磚瓦，大多數就是所謂的蛋白分子，蛋白分子比空氣的分子大，所以空氣分子看起來像細砂，而蛋白分子卻有點像磚瓦。

我們再向前去，又過了一段路程，便有更新的發現。那撲打我們的飛砂，給我們的眼睛看得更明了。在先，我們只覺得是一粒粒的分子，現在我們就看見，這無數的分子，大多數總是兩個小圓粒合成的，也有一小部分是三粒合成的。這些兩個或三個的小圓粒緊緊地互相結合著，打到我們的身上來，又打到牛角洞壁的蛋白分子上去，絕不會破裂或分離了。蛋白的分子更複雜得很，恐怕會包著幾十或幾百個小圓粒吧？這些小圓粒，叫做原子，我們再考查一下空氣中的分子和原子吧。空氣分子中，有百分之九十九是兩粒原子合成的，而這些兩粒合成的分子，很顯明地又可以分為兩種，有一種只占全部的五分之一，它的性質非常容易和別的東西結合。譬如這裡有一塊炭，如果把炭燃燒了，這一部分的每一個空氣分子就和炭的一個原子結合起來，成為一個三粒合成的氣體分子，這種分子所組成的氣體就叫炭氣。空氣中有一小部分就是炭氣。能夠和炭結合的這一部分空氣分子，就是我們常常聽說的養氣（或者寫作氧氣）分子。另外還有五分之四的空氣分子，是不容易和別的東西結合的，叫做淡氣（或寫氮氣）分子。已經說過，養氣的分子是由兩個原子合成的，這兩個原子都叫做氧原子，淡氣分子中的原子卻叫做氮原子。再類推一下，炭的原子，就稱為炭原子。炭氣的分子是由一個炭原子和兩個氧原子結合成的，它的內容有點複雜，化學上就把它稱做化合物。養氣和淡氣的分子由完全同樣的兩個原子組成，內容是單純的，化學上稱為元素。

我們不要再賣弄化學知識了，還是繼續我們的有趣味的旅行吧。再走進去些，我們的身體就得縮小得比灰塵不如，灰塵還可以看得見，現在要小到看不見，小到和空氣分子一樣大小。好了，這時在我們看來，那些空中飛來飛去的空氣分子，都和我們自己的身子一樣大。在一個養氣的分子裡，每一個原子的大小就等於我們的身體的一半。而那原子的樣子，又是多麼奇怪啊！我們在先不是說過它是小圓粒嗎？現在放大成半個人大的圓球，才曉得裡面的構造也是很複雜的。這圓球的中央，是一粒豌豆大的核心，離這核心一尺多遠的附近，又是許多灰塵一般微小的細粒，圍繞著核心飛速地旋轉。這旋轉的速度非常快，使我們看起來就好像是一些圈子圍著那核心，這樣就成功了直徑二尺往來的球形。這些細粒是什麼東西呢！說起來一定有人聽得熟了，就是「電子」。電子上帶著很微的一些陰電，陰電是會被陽電所吸引的，那豌豆大的圓球核心就帶得有陽電，因此許多電子就被它吸著在周圍團團地旋轉。這樣的電子，當然有時是會跳出圈子之外，向遠處一直飛去的。但核心上的陽電有一定的量，它所能吸住的電子的數目也有一定，例如氧原子裡有八個電子，而氮原子裡則有七個電子。如果這一定的電子中飛出去的一個，就必須有另外一個來補足。所以，我們旅行到這裡，除了看見有我們自己半個大的原子以外，我們還看見許多單獨的電子飛來飛去。電子的特性很奇怪，普通我們講到物質，無論它怎樣細微，總覺得它是固定的一粒，但電子的細粒，你在實際上卻捉摸不到，只覺得它是微微的一點電磁力。而且更奇怪的是，還有一種帶陽電的電子，形態大小和普通的電子一樣，但因為帶有陽電，所以很容易和帶陰電的電子結合，不結合則已，一結合的時候，就好像兩顆炸彈碰在一起一樣，變成了一個眼睛看不見的光線，而同時歸於消滅。

我們的旅行到此可以暫時終止了，在這一次旅行中，我們看見了物質的各種形態。當我們初進牛角口的時候，只以為物質就是占據著一定的空間位置的，如空氣占據了牛角的洞兒，洞壁也占據著它的洞壁的位置。然而透過了蒼蠅，變成了微塵的時候，我們又以為物質就是一粒粒的分子和原子，除了分子原子以外，就只有一些空間，可以讓分子飛來飛去的空間，而空間並不是物質。我們又再前進，發現電子了，原來原子也不過是電子和帶陽電的核心組成了，因為這樣，原子分子當然又不能代表物質，而應該把電子和陽電子當做最後的物質了。然而可惜，我們看見電子並不是一粒粒的堅牢的東西，既沒有確定的體質，又會變成一縷光線而歸於消滅。到這時，我們的一個旅伴忽然覺得失望，叫起來說：「啊呀，物質這東西原來不存在呀，沒有體質，又會消滅，還能算做物質嗎？物質應該是有重量的，固定的東西！」

但是第二個旅伴卻起來反駁他，這人是懂得辯證法的，說道：「物質是永遠地會運動、會變化的東西，所以不應該是固定的。它可以轉變為種種的狀態，我們最初所看的占據空間的物質，以及後來所見的分子、原子、電子等等，都是物質存在的各種狀態之一。你所說的有體質，也只是物質的一種狀態，其實物質也可以變成沒有體質的狀態而存在的。陽電子和陰電子結合而放出一道看不見的光線，這使我們認為，就是光線，也是物質存在的一種形態。你說物質必須有固定的體質，這只是物理學上的物質觀念，有體質的物質，只是物理學上的物質，哲學上所謂的物質，其意義絕不是這樣狹小，凡是實實在在地在我們主觀意識之外，獨立地存在、獨立地運動變化的東西，在哲學裡就叫做物質的東西。物理學上的物質，在哲學上看來，只是物質運動的一種狀態，或一個階段。這一點，在研究哲學的時候必須要分清楚才行，不然我們就要落到觀念論的圈套裡去，以為體質不定，就是整個的物質世界消滅了……」

第二個旅伴的意見是正確的，他的結論，也就是我們這次旅行所得到的最後的結果。

第三章　認識論

八、用照相作比喻——唯物論的認識論

關於照相的事，完全不知道的人怕很少了吧？要照相，總離不了一架照相機。這東西是略帶方形的暗箱，前面裝著一個鏡頭，外界事物的影像，可以經過鏡頭射進暗箱內部去。暗箱的內部裝著塗有化學藥品的底片，影像射到底片上，使藥品發生變化，照相的手續便告完結，再把底片拿去沖洗，物像便顯露出來了。

暗箱、鏡頭、底片，以及其他附帶的東西，是每架照相機所必不可少的要件，這些東西適當地配合起來，就構成照相機。就具有攝影的能力。攝影的能力，是這些東西在適當的配合狀態之下才存在的。沒有適當的配合和組織，那麼，鏡頭永遠只是鏡頭，暗箱永遠只是暗箱，底片也只是底片，絕對照不出相來。人類認識周圍的事物，情形與這照相機有點彷彿，通常我們總是說，因為人類有意識，有思想，有精神……所以人類能認識周圍的一切。當我們碰見一間房屋時，我們的意識能使我們確實知道這兒有房屋；當我們走在路上時，我們精神能夠知道這兒有一條路；但我們更應該知道的，是這認識的能力，這精神和意識，也就好像攝影的能力一樣，不是憑空地可以存在的。鏡頭等等適當地配合起來才能攝影，同樣，要有了人類的肉體，以及人類的頭腦和五官，才會有精神和意識的現象，才能夠認識事物。肉

體、頭腦和五官，都是物質的東西，所以，物質的東西是精神的基礎，沒有物質的基礎，絕沒有精神和意識，物質是第一性的，根本的東西，而意識和精神只是附屬的、派生的東西——這是唯物論的認識論的第一個大前提。

有了鏡頭、暗箱等等東西，適當地配合起來，就可以照相。有了頭腦、五官等等複雜的物質組織，就發生意識或精神的現象，就能夠認識周圍的事物、意識或精神（或認識的能力），是高級的、複雜的物質組織之產物，複雜的肉體組織，正好比一具適當地配好了的照相機，它能夠一樣一樣地認識事物，就好比照相機能夠一張一張地照出周圍的影像。無論是照相，或是認識，它的影像總是從外界攝取來的。但現在還有一個問題，就是：照相機所照的影像，是不是周圍事物的真相呢？或者也可說：我們所能認識到的，是不是事物本身的真理呢？

有一派哲學家，他們在哲學史上被稱為「不可知論者」，以前所說過的二元論者康德就是這一派的總代表。他們對於這問題，提出否認的意見。他們認為人類所能認識到的，不是事物本身的真像。若用照相作比喻，他們就說照相所攝取的完全不是外物的影子。

為什麼呢？他們說，照相機的本身的性質是這樣的：它一方面雖然能夠從外界攝取影像，但一方面卻將所攝取的影像改變了。試把照片上的人和真正的人對比一下吧。你就可以看見，照片上的人是多麼縮小，顏色又只有明暗二色，嘴唇的紅色和眼球的褐色，在照片上一點也沒有了，還有，真正的人是活動的，照片上的人卻永遠只有一個死板的姿勢。……這一切，難道還能算是真正的人影嗎？因此，他們以為，照片上的影子，只是底片和照相機本身的性質所產生的東西，照片是依賴著照相機的特殊性質才產生的，與外物的原來的影子完全不同。至於說到人類的認識事物，他們以為也有同樣的情形。他們說，我們所能認識到的一切，都經過了我們頭腦感官的一番改變，而不是事物的本來面目了。譬如這裡有一塊糖，我們知道它是甜的，這只是我們感覺得甜罷了，這感覺，完全依賴著我們舌尖上的感官，沒有舌尖，甜的味覺是不會存在的。又譬如我們認識一個人，我們一眼看上去，只能看見這人的正面或者看見側面。當看見這人的正面時，我們不能同時也看見側面。但真正的人是正面、側面同時並有的，我們只看見一面，足見不能認識到真正的人。就算退一步，我們認識所看見的這一面可以代表一個完全的人，但是，我們看見他的時候，例如他還年輕，那麼我們所看見的只是一個年輕的人，他還有少年和老年的時期，就是我們所認識不到的了。然而，不把一個人的少年、青年、老年完全認識到，能說是真的認識了這一個人嗎？不可知論者就答道：「不能的！我們認識到的只是事物的一面，而且就是這一面，也和本來面目完全不同了。」

好了，我們不要跟著不可知論者跑得太遠！現在得要批評批評它。不可知論承認我們的認識可以由外界攝取，並且承認外界有客觀的、獨立的東西存在著。這一點，好像和唯物論是一樣的。但是，接著它又會說，物質的本身是我們所不能知道的，我們所認識的世界，只是我們感覺的幻影，只是一些主觀的東西，這又成為主觀的觀念論了。兩點接合在一起，就成了二元論，所以，不可知論的認識論，最終總會成為二元論，唯物論是不能贊同它的。

聰明的讀者在這裡一定會問：「唯物論既然反對不可知論，那麼，它自己的認識論怕可以稱作可知論了吧？」這一問題問得有點幽默，可以投到《論語》上去登一登！不過，讀者諸君！這並不完全是笑話，哲學上雖然沒有「可知論」這名詞，但唯物論的認識論卻實在可以稱作可知論呢。唯物論不但承認客觀世界裡有獨立地存在著的物質，並且認為物質的本身也是可以認識到的。用照相的話來說，唯物論就認為照相機是能夠攝取外物的真相的。為什麼能夠？這自然不能不明白地解釋一下。

例如說：關於照片的顏色的事吧。不可知論者因為上面只有明暗兩種色彩，就以為完全不是外物的真相了。不錯，因為照片本身的性質只能攝取明暗兩色，而不能保持住唇的紅色和髮的褐色，所以照片上的影像和原來的東西是有點不同了。雖然這樣，你總不能說，那明暗兩色的影像，完全是底片上平白無故地發生的幻影，你總不能不承認，這影像根本還是由外物本身投來的，外物不同，影像也就不同，沒有外物，也就根本不會有影像。所以，就影像的形態來說，它固然帶著底片本身特有的性質，而與外物稍稍有點不同，但就它的根本內容來說，它總算反映了外物的影子，它總是以外物為依據的。因此，你不能說它完全不能攝取外物的影像，你只能說它是用它自己特有的形態攝取外物，而不能說它所攝取的不是外物的影像。

一塊糖，我們覺得甜，這甜味，當然只是舌尖上的感覺，這種感覺的形態，是一種主觀的形態。但我們不能說它完全是主觀的幻覺。因為，如果糖的本身沒有甜的作用，我們就萬不會有這種感覺，甜，它的內容根本還是由糖的本身得來的，換一碗藥來叫你喝，難道你還能夠說甜嗎？不能，你就可以知道味覺原來完全要靠客觀的東西決定。所以，當我們說糖是甜的時候，我們所認識到的這種感覺，在形式上固然是主觀的，但在內容上，卻不能否認這是糖的本身的作用，不能否認我們已認識到了一種物質的客觀的性質。在這裡，主觀的形式與客觀的內容結合著，這叫做主觀與客觀的統一，我們認識一切，都是在主觀與客觀的統一中實現的；並不單只是主觀的幻覺，也有著一滴滴的客觀物質的真實面影。這是唯物論的認識論中最重要的一點。

在主觀的形式裡，可以認識到客觀物質的真實面影。但正因為有主觀形式的限制，所以我們所認識到的，最初只是事物的一點一滴，或一小部分，不能一眼就看穿了事物的全部，前面不是說過，一個人，我們一眼看上去，只能看見一側面或一正面，不能同時看見幾面。一張照片，只能拍下明暗兩色，只能拍一下一個固定的姿勢，其他的顏色和動作就顧不了，不可知論者還津津有味地把這些事情當做他們的理由呢！但他們的理由是一點也不充分的，因為，我們雖然不能一眼就馬上看穿了事物的全部，但是我們可以慢慢地，一部分、一部分地來認識。先看過前面，再看側面又再看後面，然後這個人的全部都認得清清楚楚。我們的認識能力是能夠活動、能夠運動的，對於周圍的一切，我們可以漸漸地、愈更完全地去認識它，這叫做認識的過程。就說照相吧，照相也不像「不可知論者」想像中的那樣死板。一張底片雖然只能攝明暗兩色，如果多費一點手續，還是可以攝取五彩照相，還是能夠將紅的唇和褐色的瞳孔也照出來。一張照片只能照固定的一個姿勢，若用活動攝影機繼續攝取幾千幾萬張電影，又連續地放映出來，就成為活動電影，一切的動作，和真正的原來的動作一點也沒有分別，這樣，照相機也還是可以攝取真實的影子，可以愈更完全地攝取真實的影像的。

唯物論主張人類能夠認識到外物的真面目，所以我們說不妨把它叫做可知論，但這只是我們一時高興了叫出來的名字。在哲學上，這一種認識的主張，另外有一個正式的名字「反映論」，這意思就是說：我們所認識到的一切，都是客觀事物的反映，是事物本身在我們主觀中的反映。但是，這裡有一個很重要的聲明，我們認識事物的這種反映，和照相機的那種反映，並不是完全相同的，這篇文章自始至終都用照相機和人類的認識對比著說，只是為便於明瞭起見而不得不設的比喻。比喻這東西，只能比喻一部分，絕不會完全正確的，如果讀者諸君看了以上的一切，以為人的肉體、頭腦和五官就僅僅不過是一架照相機，那便糟了。所以要特別聲明，免得發生誤解。人類的認識和照相有什麼不同呢，舉最重要的一點來說：照相機只能完全照著外物表面的樣子拍出來，有這麼一種東西，就只能拍這麼一張照，除了照著外物拍照以外，別的作用一點也沒有了。但人類的認識卻不同。人用自己的感官，從外物得到感覺，這一點倒可以說是和拍照一樣的。但是，人類的認識除了感覺以外，還有想像和理解等等的作用，它能夠利用過去感覺所得的東西，自己構想成種種東西，不一定要真正有那東西存在，分明世界上沒有鬼，人類偏偏可以想像出鬼來。這就不是照相的比喻可以說明的了。所以我們上面的一大篇，對於認識的問題，其實才只說明了一部分，以後我們還要更進一步，再講得清楚些、完全些！

九、卓別林和希特勒的分別——感性和理性的矛盾

我們的感覺器官，就好像照相機一樣，它從周圍攝取種種色色的影像，使我們能夠認識周圍的事物。假使卓別林先生走到我們前面，眼睛就會告訴我們：這位先生的嘴上有著小小的鬍子，頭上戴著頂破禮帽，褲子鞋子都是大得一踏糊塗，手上捏著一根竹鞭當做「司的克」，走路的姿勢也不大平穩。……眼睛裡所感得到的這一切，和照片上的卓別林是一樣的。總之，照片上所能攝的，都是事物的表面形象，感覺上所能感覺到的，也只是事物的表面的形象，一撮鬍子，一頂破帽，一根竹鞭……都是卓別林先生的各部分，都是他表面的特徵，所以照片上能照出來，眼睛的感覺也能感到。這種感覺器官所攝取的表面影像，我們叫做「感性的東西」，由感覺器官所得到的認識，叫做「感性的認識」。

我們曾經說過，人類認識事物，並不完全和照相機一樣。現在所講的「感性的認識」，仍然是拿照片來比，這與我們的話沒有衝突嗎？不錯，如果單單講「感性的認識」，那結果總是要與我們的話有衝突的。因為「感性的認識」本來只能做到照相的地步，它本來只能和照相機一樣，攝取一些表面的形象而已。如果我們僅僅有感性的認識，那我們永遠只是在照相，只能看見零零碎碎的一些現象，如鬍子，破帽，竹鞭等等。

單單認識一些鬍子、破帽之類的東西，是不夠的。換一句話說，單單感性的認識，是不夠的。我們說，人類的認識並不完全和照相機一樣，就因為它不僅只是感性的認識。除了感性的認識以外，人類還有更高明的認識能力，有了這種能力的幫助，人類不但能夠認識事物的表面現象，還能夠認識到更深刻的、根本的特性，不但能攝取零碎的鬍子、鞭子，還能夠整個的認識卓別林先生。……空話少說，我們還是拿卓別林先生來具體地講一講。已經說過，照片上印著的卓別林先生只是一個留著小鬍子的人，照片上除了他那一副襤褸的形相以外，不再告訴我們什麼，但我們如果再問一問自己的認識，就知道，我們不但能看見這一副形狀上的種種表面特徵，並且還能了解這位先生是一個滑稽大王。「滑稽大王」，這名詞我們可不要隨便忽略了！這名詞可不比鬍子之類只代表著零零碎碎的各部分，它是代表了卓別林這一整個的人，它所反映的並不是表面的襤褸形相，而是卓別林這個人的根本的特性。這一種整個的特性，是不是照相可以攝取呢？不是的！是不是感性的認識可以認識到呢？不是的！如果單單依靠感性的認識，那我們只能看見鬍子之類的特徵，這鬍子，和德國法西斯蒂的首領希特勒的鬍子完全沒有兩樣，我們將要覺得卓別林和希特勒沒有什麼分別。這就是感性的認識騙了我們，這就是照相騙了我們。但是只要我們不是小孩子，只要我們有點學識，我們就不會被照相所騙，因為我們不單單靠感性的東西來認識，我們始終能了解，卓別林是滑稽大王，而希特勒是一個獨裁統治者。

提到滑稽大王這名詞，還有一點祕密，更足以證明它不是感性的認識可以達到的。我們現在只說卓別林是滑稽大王，但看過外國電影的人，都知道滑稽大王不僅僅有卓別林一個人。羅克也是滑稽大王，勞萊、哈台也是滑稽大王，裴司開登也還是滑稽大王，所以，滑稽大王這名詞不單只是代表著卓別林的特性，並且連羅克、勞萊、哈台、裴司開登也包括在內。這就是說，滑稽大王這名字是卓別林、羅克、勞萊、哈台、裴司開登等幾個人所共有的，它代表著他們幾個人的共通的特性。在這裡我們試想想，如果單單靠感性的認識，我們將要覺得卓別林、羅克、勞萊、哈台等這幾位先生是多麼不同。把這幾位先生的照片陳列起來，我們就看見卓別林是一個忠實矮小的小流氓，羅克戴著眼鏡，倒有點像青年的紳士，勞萊、哈台等等也有他們不同的形相。感性的認識使我們知道的，就是這些表面上的各不相同的特徵。但我們的認識，並不單單靠這些感性的東西，我們始終仍能了解，在表面上，這幾個人雖有那麼多的不同，但他們總之是一流人：滑稽大王。所以當我們說這幾個人都是滑稽大王的時候，我們是把他們表面上各種不同的地方撇開了，單單提出他們根本特性上相同的地方來說。在感性的認識中我們只看見各人的差別，現在卻看見了各人的同一。在感性的認識中，我們覺得各人都是互相分離的，現在卻看見了各人互相間的關聯。這種同一，這種關聯，都不是感覺器官可以直接看得到的，但是我們能了解它，我們能用我們的理解力去了解它。用理解力去了解，這一種認識，我們叫做「理性的認識」。

現在我們知道人類的認識能力是有「感性的認識」和「理性的認識」的分別了。感性的認識就好像照相一樣，從周圍攝取形形色色的影像。理性的認識卻更進一步，把那感性的認識所看不見的東西也抽將出來，抽出了普遍的和整個的東西，這叫做抽象。值得注意的是，理性的認識就好像是一個專門愛搗蛋的潑皮鬼，總是要和感性的認識開玩笑。感性的認識覺得卓別林有小鬍子，希特勒也有小鬍子，兩個人是一樣的，理性的認識卻偏偏要說卓別林和希特勒是完全不同的兩種人。感性的認識指出羅克不像卓別林，而勞萊、哈台又與羅克、卓別林大不相同。但理性的認識卻說他們大家都是一樣人，都可以給他們加上滑稽大王的稱號，感性中覺得是同一的，理性中偏偏看出了差別；感性中覺得有差別的，理性中偏偏看出了同一。在差別中看見同一，在同一中又看見差別，這在人類的認識中，就成了一個矛盾，這使我們的認識自相矛盾。這種矛盾，也就是「感性的認識」和「理性的認識」的矛盾。

現在我們又看見，在人類的認識裡，感性的認識和理性的認識竟大家抬起槓來了。「感性」先生說是這樣，「理性」先生偏要說那樣，然而，誰說的話靠得住一點呢？為要排解這一個糾紛，古來的許許多多的哲學家就費了不少的腦汁，寫了不少的著作。然而可惜這多少哲學家，雖有著非常聰明的頭腦，然而因為態度不好，常常只是偏袒著一方，因此鬧了兩千多年，一直到離現在八九十年以前，還沒有一個哲學家真正排解得了這一段糾紛。

我們試大概地說一說：這許多哲學家中，有的是偏袒著感性先生的，有的是偏袒著理性先生的。偏袒感性先生的哲學家，就相信感性的認識，以為照片式的認識是最靠得住。這一流的哲學家，在哲學史上總稱為經驗派的哲學家，或稱為經驗論者。為什麼叫做經驗派呢？因為他們相信經驗是一切認識的真正來源，而這所謂的經驗，就是指感覺上的影像，或感性的認識。我們中國現在也有位葉青先生，就是自稱做經驗派的哲學家的。但這些經驗論者，因為偏袒著感性的緣故，結果是把理性打到冷宮裡去。例如對於卓別林，他們只相信他的小鬍子，如果有人說：「卓別林是滑稽大家」，經驗論者便要蹙起眉頭來：「說是這樣說，可不一定真的有吧？我們雖然說滑稽大家，但滑稽大家這東西根本看不見。我們只看見小鬍子，破禮帽等等，除此而外，還有什麼東西呢？」因為看不見，經驗論者就不相信了。凡是感性所感覺不到的東西，經驗論者總以為是一種虛構，他們對於理性的認識是多少總有點懷疑的。

其次，當然還有一派哲學家是偏袒理性的。這一些哲學家，又是太相信理性的認識，而以為感性的認識是混亂不清的幻影。這就是理性派的哲學家，或稱為理性論者。理性論者認為理性是認識的真正的來源，認為理性的認識是真正的認識。如果再拿卓別林的話來說，他們就認為，滑稽大王這名詞才能代表真正的卓別林。那小鬍子，那一切鞋、帽、鞭、袴都是不重要的形相。

這經驗派的哲學家和理性派的哲學家，他們所袒護的東西是互相反對的，因此他們的意見也是互相衝突的。他們不但沒有給理性的認識和感性的認識排解了糾紛，反而倒使自己互相間對壘起來，經驗派的大本營是英國，理性派的大本營是歐洲大陸（德、法、荷蘭等國），兩個大營壘，在哲學史上，對立了很久，抬了好久的大槓子。他們為什麼要這樣呢？原因是在他們眼中，感性的認識和理性的認識是絕對勢不兩立的兩隻老虎。他們以為，這兩隻老虎碰在一起的時候，一定不是你死，就是我活，絕沒有兩隻同時活著的道理。因此，他們以為排解糾紛，只有一個辦法，就是救活了一隻，殺死了另一隻，只讓一隻活著，於是就沒有爭鬥，沒有矛盾，沒有抬槓，這樣就萬事大吉！這是他們的態度，這種態度，叫做形而上學的態度。說明白一點，形而上學的態度就是怕矛盾，怕自己抬槓，對於一件事物，它總想把它當做孤立的，自己內部沒有衝突的東西去看。要內部沒有衝突，就只有將兩隻老虎隨便殺死一隻，換一句話說，只有將感性的認識和理性的認識兩種東西隨便丟了一樣。然而，你想丟這一樣，我又想丟那一樣，各人所丟了的不同，各人所愛好的也不同，於是仍然抬起槓來，這不但沒有解決了糾紛，反而將糾紛擴大了，反而把事情弄僵了。

經驗派和理性派的哲學家，拚命地想把他們各人所不高興要的東西丟去。但他們忘記了，感性的認識和理性的認識，在人類的生活中，是常常同時存在在一起的，要丟，在事實上是丟不了。無論丟了那一方面，都是違背了事實。那麼，怎麼辦呢？這裡我們可以讓新唯物論的反映論出來說話了。反映論和經驗論、理性論都不同。它並不丟了這樣又愛上了那樣，它很正當地將事實指出。感性的認識和理性的認識同樣地都在人類的認識中有地位，反映論也就承認了它們的地位。這兩種認識能力是互相抬槓、互相矛盾的，反映論也就承認了這矛盾。它並不像形而上學那樣怕矛盾，並且它還指出矛盾是非有不可的。它告訴我們，「理不辯不明」，人不打架不會成為相好，抬槓並不是壞事，抬來抬去會漸漸抬出更巧妙的花樣來。人類的認識是有矛盾的，但正因為有矛盾，所以才有進步。如果單單靠感性的認識，我們只看見卓別林的小鬍子，我們分不清楚這和希特勒的鬍子有什麼分別。等到理性的認識來和它抬起槓來，我們才知道，卓別林的小鬍子是滑稽大家的小鬍子，而希特勒的小鬍子則是獨裁的統治者的小鬍子。這樣抬了一下槓，我們就可以認識得更深刻一點，分別得更清楚一點。我們能夠輕視抬槓的意義嗎？

總之，反映論告訴我們，感性的認識和理性的認識是永遠要抬槓下去的，愈抬下去，認識就愈進步。至於這種槓子是怎麼抬法呢？這現在已沒有工夫說了。以後再講吧。

十、抬槓的意義——認識和實踐

當一個電影院要放映卓別林的影片時，照例廣告是很早就鋪張出去。這時，我們就在街角上、牆壁頭、報紙裡，到處發現這位生著小鬍子的外國癟三的畫像。這小鬍子的印象，前次曾經說過，是我們的感覺器官可以認識到的，所以叫做感性的認識。感性的認識和照相一樣，是直接從外物攝取的，所以又稱為直觀。直觀所給我們的影像，是不是真實的呢？是的！我們看見小鬍子生在卓別林的嘴上，這是直觀，同時也是確確鑿鑿的真事，不容我們懷疑。可是，我們也不要相信得太過分了。這小鬍子每每會使我們想起希特勒來，如果對於直觀相信得太過分，我們也許就會以為卓別林和希特勒沒有什麼不同，那麼，明明是卓別林的小鬍子，倒反使我們誤認作希特勒的東西了。我們要知道，卓別林和希特勒的類似點，只是表面而已，在根本的性情上，兩個人是完全不同的。但我們的感覺上的直觀，只能攝取表面的形象，因此我們只看見了兩個人的類似點，卻看不見他們性情上的差異點。如果要分清楚這差異的地方，就不能依靠直觀，卻需要用我們的理解力去辨別了。用我們的理解力，就知道卓別林根本和希特勒不同，他只是羅克、勞萊、哈台一流的人，他是滑稽大王。希特勒呢？倒反是那沒有小鬍子的慕沙里尼的同道者，是獨裁主義的魔王。

已經說過，表面上直接看不出來的東西，我們用理解力去看出來，這種認識作用，叫做理性的認識。我們還說過，理性的認識是怎樣的專門喜歡和感性的認識抬槓。感性的認識上覺得同一的，它偏看出了差別，感性的認識上覺得不同的，它偏看出了一致的地方。但我們現在就應該明白，這種抬槓，雖然好像是我們自己的兩種認識能力在互相搗蛋，然而追根究底，引起這種搗蛋行為的原因，仍是外界的事物本身，並不是我們的認識能力專門愛興風作浪。如果卓別林和希特勒在表面上相同，在性情也根本相同，那麼我們的理性的認識能力，縱然有孫悟空鬧翻天宮的本領，也跳不出「相同」兩個字的手掌心。正是因為卓別林和希特勒只有表面上的相同，兩個人本身的性情根本是不同的，我們的理性的認識才有方法和感性的認識抬槓，所以，抬槓的事情，本來是外界事物的本身所具有著的。無論哪一種事物，它的表面形象和它的根本性質，原來不斷地在抬著槓，我們的感性認識和理性認識的抬槓，不過是把事物本身的抬槓反映到自己的頭腦中來罷了。

現在我們就可以了解抬槓的意義了。我們把理性認識和感性認識的抬槓，叫做理性和感性的矛盾。現在我們知道，這一種矛盾，不過是反映著事物的表面形象和它本身的根本性質的矛盾罷了。如果單靠感性的認識，我們就只能知道表面的東西，如果讓理性來一抬槓，就連事物的根本性質也認識清楚了。這正是所謂理不辨不明，人不打不成相好，槓子愈抬得厲害，愈更會把新花樣抬了出來。抬槓一次，我們對於外界的事物就認識得更深刻一些，更完全一些。

我們已看見理性的抬槓是怎樣重要。但現在又要注意，理性的認識雖然使我們認識得更深刻、更完全，但還是不要把它靠得太牢實，切不要以為有了理性先生，就萬事大吉，就要把感性的認識完全丟在茅坑裡去。例如我們了解卓別林是滑稽大王，這當然不錯的，但如果因此就以為卓別林僅僅是一個滑稽大王，而那小鬍子、破帽等等的印象不算是他身上的東西，這對嗎？這就不對了！試想，如果沒有小鬍子、破帽等等的東西，卓別林還有使人發笑的力量嗎？人們一定說，沒有這些，至少力量會減少了大半，至少他在滑稽大王中將要坐不成第一把交椅。其實他身上的每一樣東西、每一個特點，都是造成滑稽大王的一個重要的部分，都是不能忽略了的。單獨拿一部分出來，當然不一定能代表卓別林（例如鬍子也可以代表希特勒），但如果沒有這許多部分，也不會成功一個卓別林。要有這許許多多的部分，才能構成一個整個的卓別林，才會表現出能使人笑的力量，才會表現出這種根本的性質，使我們大家都稱他滑稽大王。所以，當我們讓理性的認識出來抬槓之後，並不是要它把感性的認識打倒、丟開，而是要使感性的認識屈服，把它包括起來，把零零碎碎的感覺印象包括到整個的性質中來。我們知道他是滑稽大王，同時也要知道這滑稽大王有小鬍子、破帽等等，才能夠真正認識清楚卓別林是怎樣的一個人。如果單單知道他是滑稽大王，而不注意到他的其他的一切，那麼我們所知道的是空洞得很。我們只知道他是會使人笑的，但他是怎樣使人笑的呢？他有些什麼東西足以使人笑呢？他的滑稽，和勞萊、哈台、羅克等人有什麼不同呢？這一切都沒有方法知道了。

這些道理，本來是人人都知道的，恐怕有人還要怪我多話、囉嗦：世界上誰不知道卓別林是滑稽大王而又同時有小鬍子呢？何必這樣不厭煩的來解釋它？不錯，單就卓別林來說，確實是用不著解釋，但世界上的事情非常複雜，有許多事情，常常不是這樣容易明白的。人們常常會把理性的認識靠得太牢實了，只注意到抽象的理論，忘記了還有許多值得顧慮的具體的事件，因此弄出很大的錯誤的。舉一個例，譬如說讀書能增進知識，這話本來是合理的，不過，當我們承認這句話以前，我們首先不可不注意另一個事實問題，就是：「讀些什麼書。」有的人不注意這一點，只聽人說讀書能增進知識，就不管什麼書也拿來讀，這不是很錯誤的嗎？如果是不值得一讀的書，我們讀了，也許倒反而會使知識退步吧。這就告訴我們，當認識一件事情的時候，我們不能單憑一些空論來判斷，還要顧到許多具體的事實。

現在我們已經知道，感性的認識和理性的認識是分不開的。當我們認識一件事物的時候，首先是從感覺上得到一些直觀。接著又才有理性的了解，從這事物中獲得一些更深刻、更完全的東西，但這些東西是抽象的東西，如果單單依靠這些抽象的認識，我們就只得到一些空洞的形式。這些抽象的形式，如像上面所舉的「滑稽大王」，我們叫做概念，因為它是把勞萊、哈台、羅克、卓別林等人的共同性質概括起來的一種觀念，又如上面所說的「讀書能增進知識」，則是一種普通的道理，除了這概念和普通的道理之外，還有科學上的法則、原理等等，都是一種由理性認識所得到的抽象的東西。這些抽象的東西，絕不是和感性認識中的具體的東西完全無關，不！它們的關係還很密切呢！抽象的東西都是由具體的東西中抽引出來的，沒有羅克、勞萊、哈台這一流人物，就不會有滑稽大王的概念，如果不是有許多書真能增進人的知識，就不會有「讀書能增進知識」的道理；同樣，科學上的一切法則、原理，都是從許許多多的具體事物中研究得來的，所以具體事物是抽象法則的基礎，感性認識是理性認識的基礎。建築房屋，必須有穩固的基礎，房子也才會穩，忘記了基礎，就成為空中樓閣，那還要得嗎？同樣，在我們講理論，談法則的時候，如果忘卻了具體的事物，也就成為無用的空論了。

因此，當我們應用理性去認識事物的時候，同時還要能把握感性的基礎。但是，僅僅這樣，就可以十足地認識到事物的真理了嗎？這倒未必！我們知道，說到認識，總得要能認識外界事物本身的真理。換一句話說，所認識的總得要是客觀的真理，才算是十足地達到了認識的目的。但我們說過，我們的認識能力，並不完全和照相機一樣，照相機的影像是向外界的事物攝取來的，人類的認識，最初也是經過感性的認識而由外物攝取來的，但照相機只攝取了表面的現象就完事了，而人類的理性認識卻還能更進一步，從這表面的現象中滲透到那直接不能看見的本質。這已經不是照相式的攝取所能做到的了。這都還好，這裡所滲透的，雖然不能直接看見，卻還不失其為外物的本質，還是由外物獲得的認識。我們所最要注意的是人類的頭腦中的主觀的思想，有時也不一定是從外物得來的認識，它常常會將種種認識所得的材料，自動地加以組織，造成種種的理想、想像。這些東西，因為常常是人的思想中自己造作出來的，所以就不一定能與外界的事物適合，有時反而與外物完全相反，成為一種空想。這種情形，更是照相機所沒有的了！主觀的思想，雖然常常與外物相反，而在抱著這種思想的人，往往會非常相信它是真理，這就叫做主觀的真理。人類能夠自動地造作出主觀真理來，這種特性，又叫做主觀的能動性。

因為主觀有了能動性，人類的認識就不一定能獲得客觀的真理了，人類每每自己造作許多架空的想像，還以為是了不得的真理，一點也不醒悟。其實，你要叫一個沉迷在空想中的人醒悟起來，是極不容易的。因為事物是在客觀的世界裡，而他的思想是在他的頭腦中，事物不會自己走進他的頭腦中去證明他的思想的錯誤，沒有證明，他怎能夠自己醒悟呢？所以，單單靠以前所說的感性和理性的能力，就要想充分的認識事物的真理，是不可能的。感性和理性始終也是人類的主觀的能力，它們有著能動性，架空的想像就是它們造作出來的。一旦走錯了路，它自己就不會矯正，只能等外界的事物來證明，才有辦法。一個相信鬼的人，除了世界能夠向他證明沒有鬼以外，是沒有方法醫治他的疑心病的。

但世界既然不會自己走進人的頭腦中，來向人證明他的錯誤，那有什麼方法使世界來作證人呢？這只有使人類用自己的主觀去接觸世界，這有辦法嗎？有的！這就是我們常常說的「實踐」。所謂實踐，簡單地說，就是改變世界、改變環境的活動。只有在改變世界的活動中，才能夠和世界上的一切事物密切地相接觸，我們對於世界一切的認識是否真實，是否不落在空想裡，也才可以在這裡得到證明，得到矯正。

這裡，我們舉一個例子吧。例如說對於日本人的認識，我們在上海看見他們的警察，看見他們的軍隊，這些都是感性的認識，在這裡我們得到他們的耀武揚威的印象。同時在我們的理性認識中，我們又了解這是帝國主義國家的代表。說到帝國主義，於是我們就可以想像到它是富於侵略性質的，它有強大的資本，有強大的武力，和我們落後的半殖民地的中國比較起來，我們是很難抵禦他們的壓力的。這種想像，在沒有實踐證明的時候，自然覺得是千真萬真的真理。然而，一二八來了怎樣呢？這是一個實踐，證明這種想像是太怯懦的想像，證明就是帝國主義的侵略，只要有民眾真正起來一致抵抗，也絕不是沒有希望衝破他們的鐵鎖。

現在，我們又看見實踐也是一個會抬槓的重要分子。在我們的認識過程中，起初是理性抬感性的槓，現在是實踐又要來抬理性的槓了，理性的認識雖然比感性來得深刻，然而是高聳在空中的樓閣，很容易離開了事實，成為主觀的空想，現在再讓實踐來抬一次槓，使它和客觀的世界接觸起來，使主觀的思想能與客觀的事物更一致，這叫做主觀和客觀的統一，實踐就能使主觀、客觀統一。

這一次的講話到這裡可以做結束了。我們的認識，從感性到理性，又由理性到實踐，完全是一連串的抬槓過程。抬槓一次，就認識得更正確些，更深刻些。我們還要指出一點：我們的認識，也並不是經過實踐一證明後就完全滿足了。在實踐中，一面矯正了主觀的錯誤，一面又得到新的感性的認識，所以又有新的認識過程發生了。譬如在一二八的實踐中，我們就學得了許多新的對付侵略者的知識。我們要證明卓別林是滑稽大王，就去實踐，看電影，看是否真正使人笑。電影就證明果然不愧是滑稽大王。但在看電影時，我們又看出卓別林有許多新的特點，原來他並不像羅克等等的滑稽大王一樣地只曉得胡鬧，他除了能使人笑之外，有些地方也會使人流淚。這樣，看電影的實踐就和先前的理性中的滑稽大王抬了槓，它給我們一些新的感性的認識，使我們又再走向新的理性認識去，覺得卓別林不僅僅是一個滑稽大王，而又是一個相當有點嚴肅的藝術家，因此，從感性到理性，從理性到實踐，又由實踐得到新的感性，走向新的理性，這種過程，是無窮地連續下去，循環下去，但循環一次，我們的認識也就愈更豐富，所以這種循環，是螺旋式的循環，而不是圓圈式的循環，它永遠在發展、進步，絕不會停滯在原來的圈子裡。

十一、由胡桃說起——實踐和哲學的黨派性

假如這裡有一個胡桃，試問我們的直觀（或感性的認識）所能覺到的是什麼呢？首先我們的眼睛看見它是黃褐色，圓球形，表面凸凹不平，再可以用手去觸一觸：是硬的，或者用鼻子嗅一嗅：沒一點氣味。還有什麼呢？怕不再有什麼了。我們直接所能感到的是這樣貧乏！但我們有理性的認識，可以知道更多的東西。我們馬上就知道這胡桃不過是世界上千千萬萬胡桃中之一個，它們中間有同類的關係，「胡桃」是它們共同的名字，是一個概念。我們還可根據過去的常識，想像到這胡桃裡面一定有可以吃用的胡桃肉。這是想像中的知識，不是我們直接能夠看得見的。我們雖然想像這胡桃心裡一定有肉，但是真有沒有呢？是不是枯了？或是已被蟲吃空了？或者腐壞而不能吃了？這一切，我們卻不能直接知道。「胡桃一定有肉」，這種推測，就普通的情形來說，並不算錯。但這只是普通一般的道理，要用這種空洞的道理來斷定現在的胡桃有肉，那是不一定靠得住的。因為這種推測還只是我們心裡的推測，只是主觀的推測。這種主觀的推測是不是和現在的胡桃本身（也就是客觀的東西）一致呢？這就沒有把握了。

因此，理性的認識雖然比感性的認識更豐富，更深刻，可以推測事物的內部的情形。但

可惜它同時竟縮後了。感性還能直接觸到外物的表面的形狀，雖然只是表面的感覺，總還親切得多。而理性的認識卻縮回到主觀的圈子裡，沒有辦法確實抓著外物真相。它只曉得用普通的道理去推測，用一般的公式去推測。但目前的東西是否只能適合你這公式呢？這一點它就沒有能力負責了。有許多人就是太看重了一般的公式，太看重空洞的理論，結果對於世界上活生生的事實沒有能力觀察，俄國普列哈諾夫派的形式主義，就是犯了這種錯誤。

還是回到胡桃來說吧，因為一定有人早就要想這樣說了：「你為什麼這樣痴！一個胡桃內部有沒有肉都沒有辦法知道嗎？把它的殼打壞，剝開，不是就可以看見了嗎？」不錯，這是誰都懂得的很簡單的方法。天下間萬沒有這樣的蠢人，只顧痴想胡桃裡有沒有肉的問題，而不打開來看。但我們要知道，世界上的事情複雜得很，不一定都和破胡桃這樣簡單明瞭，對於某些事物，人們常常不知道動手將內容剝出來可以做證明，只管老是在公式和理論上呆想，結果沒有把握，只好說事物的內部無法知道。以前我們常常說到的「不可知論」，就是一個例子。德國哲學家康德說「物自體不可知」，以為物質的本身是沒有人可以知道的，這也就因為他不知道物質的本身，可以有方法剝出來的緣故。

一切物質的本身可以像剝胡桃一樣地隨便剝出來嗎？當然不是這樣簡單容易。但根本的情形倒沒有什麼不同，無論什麼事物，我們要使它潛伏的內容顯露出來，使我們可以看見它的真相，就只有設法打破它的現狀，努力去改變它。這就是以前我們常常說的「實踐」。

實踐就是去改變事物，這是最重要的一點。我們常常把實踐稱做「變革的實踐」或「批判的實踐」，就是這個意思。只有在實踐中可以得到最高的真理。為什麼呢?上面胡桃的例子就可以做一個說明。當我們未剝胡桃以前，我們所推想的胡桃內部有肉的事，僅只是主觀上的理性的認識，不一定能與客觀的事實一致。但是，剝胡桃的實踐一開始以後，它內部的肉就給我們直接看見了，理性的認識又回復感性的認識了。抽象的理論變成直觀中的事實了。物自體就給我們暴露出來了。於是我們主觀中的想像與客觀的東西統一起來，這樣我們就可以看見物質本身真正的性質，看見了現實的真理。

實踐這樣能使我們認識現實的真理，所以我們應該把它看得最重要。但這自然並不是說可以不要理論。理論雖然有主觀的色彩，但如果沒有它，我們就不知道怎樣去實踐。如果我們看見胡桃而不會想像到它裡面有肉，那我們也就不會想去打破它來看。這一種指導的、能動的作用，是不可輕視的。

但最後的真理，始終不能不由實踐來檢證。在實踐中，我們一方面是依著理論去改變事物，是我們的主觀和客觀的事物在對立、在鬥爭，一方面就在這鬥爭中可以矯正主觀中的錯誤，使它和客觀的事物一致。這樣，實踐是主觀和客觀的「對立的統一」，只有它能使理論更接近客觀的真理，我們要把實踐看得比理論更重要，更高級，就是為著這原因。

因為實踐對於認識事物是最重要的東西，所以我們要特別把它的意義弄清楚一點。前面說「實踐就是去改變事物」，這是最要注意的。不改變事物，就不能算做實踐。單只看一看，摸一摸，或者再憑自己的心思想一想，這是沒有實踐的。旅行的人，對於他所到的地方表面上看一通，這樣所得到的，只是「印象」、只是「感想」，絕不會能夠完全明瞭那地方的真正的現象的。「一二八」的戰役，國聯的李頓調查團來中國調查，那時日本軍隊還占據著戰區，到處懸掛著日本的國旗。等他們來時，日軍連忙換成中國旗子，使李頓一行人見了，也並不知道日軍在中國是多麼橫暴。只看表面，而不親身做變革中的一分子，就是常常會這樣受騙的。所以，要認識一件事物的真理，只有在改變的行為中去認識，只有實踐。

人類在社會中，是不斷的在實踐裡生活著的。為要取得生活資料，他不能不改變他的周圍的東西。在這樣的實踐裡，人類就能認識周圍的事物。一切人類的知識，都是在長久的實踐中積蓄下來的。但一個人在一定的社會裡，他們的生活有一定的範圍。所以實踐也有一定的範圍，做商人的有商人的實踐，做工人的有工人的實踐。因為實踐的範圍不同，所以人們的知識也不會相同的，我們常說的「三句話不離本行」，就是指一個人的生活實踐限制了他的知識的範圍。對於一件事物，由各種生活中的人看來，一定有各種不同的意見，而每一種意見，都一定與各人自己的生活有關係。誰的意見對呢？這就要看誰是對於這件事物能夠作變革的實踐了。不能夠對這事件作變革的實踐的人，他絕不會充分明瞭這件事的真性質。他的意見，只是很隨便的憑自己所能想到的一些說明和解釋。例如火車的行動，鄉下人常常用拖水車的原理來解釋，以為車頭上有什麼人在推動車輪。更早以前，甚至以為推動車輪的是一個怪物，每年要用一個小孩子去祭它。這些解釋，在他們自己想來倒很說得通，然而和火車的本身卻毫不相干。能夠真正明瞭火車的人，只有開車的工人，製造火車的技師，在學校專做物理試驗的學生，他們對於火車的知識，卻是從實踐中得來的，因此他們的知識就不是空洞的說明，而是能夠直接應用到火車本身上去的真理。

一切的學問，如哲學、社會科學等等也是同樣的道理。一種學問必定有很多的派別，但不一定都是真理，只有那在變革的實踐中得來的理論，才能夠真正把握著事物的本身。在現社會裡的人類，是分成了兩個最大的、主要的部分了的。一個部分是希望保守著社會的現狀，另一個卻在努力地變革現社會。前者不能變革社會，他們的哲學與實踐脫離了關係，只是一些空空洞洞的說明，只想遮掩現社會的醜惡，替現狀辯護，他們是顧不到真理的。後者才是在實踐中生活著。他們的哲學，不是空洞的說明，而是從實踐中得來，能夠幫助實踐，改變世界的。能夠幫助實踐，一定是客觀世界的本身的真理。如果不是真理，絕不能改變世界的。

因此，理論絕不能與實踐脫離，離開了實踐，就是空論。哲學不是書齋裡的東西。只有站在改變世界的立場上，在實踐中去磨鍊出來的哲學，才是真的哲學。最進步的哲學，一定是代表著最進步的實踐的立場，沒有進步的立場，絕不能得到進步的真理，我們常聽說所謂哲學要有黨派性，不外是這個意思。

十二、我們所能認識的真理——真理論

前幾次我們把認識的過程說過，現在要講認識的性質了。我們認識卓別林是滑稽大王，認識他有小髭子，認識這小髭子和希特勒有共通點……我們所認識到的這一切，是真的嗎？這一切都不是我們自己頭腦裡的幻想嗎？這一切都是卓別林先生本身所有著的嗎？

一定有人回答道：「這何必還要問呢！小髭子當然是真的，卓別林的本身當然是滑稽大王，哪裡會是我們的幻想？」

但是，世界上偏偏有一些觀念論的哲學，偏偏要反對這種意見。把我們所認識的一切，都看做幻想，看做主觀的東西，以為客觀事物的本身，和我們的認識是不同的。

佛學裡的思想，就常常帶有這一種色彩。例如佛經裡有這一個故事：兩個人在海邊散步，看見海中遠遠的有一隻帆船在行動。一個人就說：「你看，那船在動呀！」另一個人卻反駁他說：「不是船在動，是風在動，因為船是風吹動的。」第一個還是要堅持他的主張，說：「總之，船在動著就不假。」兩個人就是這樣爭辯下去，一個死咬著是風動，一個總是主張船動，堅持著不肯讓步，後來是去求釋迦給他們評判。釋迦的回答是這樣的：「船也並沒有動，風也並沒有動，都是你們兩個人的心在動罷了。」

這故事，這評判，不是很荒唐嗎？但佛學上是把它當做了不得的大道理，很鄭重地記載在經典上的。因為這是佛學上的一種很重要的主張。凡是我們所看見的，所認識的，都不是客觀事物本身的真相，我們以為船和風在動，其實不過是我們的心中生出來的幻想罷了。這樣一來，小鬍子，滑稽大王，都是我們的心裡生出來的東西，卓別林先生的本身上並沒有這一回事。

依照這一種思想來說，認識的性質，是主觀的。還有一種思想，也是不承認客觀的認識。它是這樣主張：一個人的認識，常常隨著他的生活地位等種種狀況而有變更。在那破產的農村裡，我們看見許多飢民把草根樹皮當做了美味，但這草根樹皮，在生活稍稍好一點的人看來，絕不會相信是食物的。草根樹皮的本身究竟是什麼呢？我們沒有作最後解答的能力。我們只是依著自己的欲望和要求，造作出一些適合於自己的見解來罷了。所以我們的認識是主觀的，我們只知道主觀的真理，而沒有方法接近客觀的真理。

近幾十年來有一種叫做「實用主義」（**Pragmatism**）的哲學思想，就是這樣的。它發生在美國，而被我們的胡適搬到中國來應用。實用主義這名詞，又有人譯做實驗主義。它主張一切知識都應該經過實驗，經過證明，才可以斷定它是不是真理。這對不對呢？這倒好像是很對的。但我們注意不要受騙！實用主義所主張的實驗，是非常滑頭的東西。草根樹皮是不是美味呢?實用主義就說:「拿來實驗吧,先吃一吃看看。」倘若吃的人正是飢民,他告訴實驗主義者說比觀音土好吃多了。那麼實用主義就會宣傳道:「這就是實驗的結果,草根樹皮是美味呀!你們窮人何不都去吃草根樹皮呢?」倘若遇到了有錢人,對實用主義者說:「我看見草根樹皮就噁心了。」那麼實用主義又會說:「不錯,這又是實驗的結果,草根樹皮是會使人噁心的,有錢人本來應該吃珍饈美味!」

這樣,大概可以看出實用主義的真面目來了。凡是有實用效果的或者實驗成功了的,實用主義者都看做真理,不管這種實驗是不是可靠。實驗的結果前後不同,他們也不管。實用主義者只問眼前是怎樣,就算怎樣,只要眼前實用得下去,就是真理。至於將來怎樣,只有等將來再說。所以胡適博士因為香港總督贈了他一個博士頭銜,就大大的讚揚大英帝國,至於大英帝國本身究竟怎樣,它對於中國是站在什麼地位,胡適博士都可以不管,因為眼前這一個博士頭銜,在胡博士看來,就足以證明大英帝國是好的了。

實用主義只注意眼前的實用,只要能滿足眼前的應用,都看做真理,只要適合眼前的目的的,都是真理;人的目的,常因生活地位等種種狀況的不同,而有種種差異,所以各人心目中的真理,是有種種不同,真理是各人主觀的東西,沒有客觀的真理。你認為是真理的,在他看來完全是假事,他認為是真理的,你也看做虛妄。現在是真理的,過一會兒馬上也可以成為假事。所以，在實用主義者看來，凡是我們自己在眼前所知道的真理，都僅只是在眼前，僅只是對於我們眼前的地位才能算做真理，並不能應用到過去或將來的。這種僅只能應用在眼前，僅只能適合眼前的地位、狀態或目的的真理，叫做相對的真理。實用主義只承認主觀的相對的真理，結果，就把真和假分不清楚了。例如這裡有一個胡桃，我們說：「這胡桃是可以剝開來吃的」，這話是不是真理呢？實用主義者為要實驗，就要求剝開來看，要果然可以吃，他才承認是真理。但如果這裡還有一個小孩，我們為要阻止小孩去吃這胡桃，就騙他說，「這胡桃有毒，吃了就死！」小孩真的不吃了，那麼，實用主義者也會以為這是真理。因為小孩的被騙，表明「有毒」的話有了實用的價值，能適合著眼前的目的，所以這也是真理了。

也許有人以為真正的實用主義，絕不會這樣傻，無論怎樣荒謬，總不致於把胡桃看做有毒的東西，把騙小孩的假話當做真理吧？但我們要知道，這裡的胡桃的例子，是非常簡單的一件事，所以就是實用主義者也不至於真的會陷入那樣的謬誤。但對於比較複雜的問題，就不盡然了。實用主義既然只承認真理是相對的，所以凡是相對地有一點實用效果的道理，就認為是一種真理。科學自然是有實用價值的，實用主義者不反對科學是真理，但同時，與科學絕不相容的宗教，在實用主義者看來，也可以算是真理，因為宗教的迷信，很有迷惑人的力量，這也是一種實用的效果。所以美國實用主義的首倡者詹姆士還極力主張人們要信宗教。用我們的胡適博士來說：例如關於中日的問題，李頓調查團報告書上所陳述的一切解決辦法，其虛偽和滑頭處，也和騙小孩的胡桃有毒不相上下，然而胡適卻把它看做了不得的真理，這也是實用主義的傑作之一！

好了，現在我們已經明白，如果跟著實用主義者，主張人類所能認識到的真理只是相對真理，那結果會得多麼荒謬！一腳踢開了吧！讓我們走自己的路，找出我們自己的主張來。我們怎樣說呢？實用主義主張相對的真理，主張各人的生活、地位等等狀況能左右他的思想，使得各人有各人的真理。這一點我們可以反對嗎？這一點倒不必反對，因為事實上實在是這樣的。生活地位不同的人，對於同一件事物的見解也絕不會相同的，中國民眾的排日，我們是因為日本先侵略我們的緣故。然而日本的侵略主義者卻偏偏要說是我們先排日，所以日本才不得不來侵略。這就因為日本侵略主義者的地位完全和我們相反，所以他們的見解也和我們完全相反。如果我們不承認生活地位能左右人的思想，那就難免要抹殺事實了。但我們是不能抹殺事實的。那麼，我們只好仍然回去跟著實用主義者走，也主張真理只是主觀的和相對的嗎？這也是不對！怎樣才對呢？

人們因為地位不同，思想見解也不同。這各種不同的思想見解，實用主義者一律都把它看做真理，這就是我們不能跟它走的最重要的一點，也就是實用主義的荒謬的地方和騙人的地方。我們知道，對於一件事情，許多人雖然都有見解，但不一定都是正確的見解，也有完全錯誤的。只有那正確的見解，才可以算做真理；而實用主義卻是連錯誤的見解也當做了真理了。對於胡桃，騙小孩的人說是有毒，賣胡桃的人為了生意經的地位關係，一定要非常誇大地宣傳它的肉是多麼肥美可口，買胡桃的人仔細地觀察之後，也許會覺得那胡桃內部怕是被蟲吃枯了。這三種見解，那一種是真理呢？依實用主義來說，三種都應該是真理（當然都是相對的真理），然而在實際上，只能夠有一種是真理，或者真的是肥美可口，或者真的是被蟲吃枯了。總之，只有和胡桃本身的情形一致的見解，才是真理，更概括些說，只有能夠反映出客觀事物的真理來的見解，才是真理。真理必須和客觀事物一致，不能夠由主觀隨意捏造出來，主觀的真理是沒有的，因為完全由主觀產生的見解絕不會是真理，凡是真理，都得要有客觀性。

人們的見解不一定都是真理，那麼，要誰的見解才是真理呢？更具體一點說：人的見解是因生活地位而不同的，那麼，要處在怎樣的地位上的人，才能夠抓得到真理呢？這回答，我們在以前就說過了：真理，只有站在前進的實踐的立場上的人，才有能力把握得到，騙小孩的人，他不願意把胡桃剝給小孩吃，不能打破胡桃的現狀，他的立場使他不能說真話。賣胡桃的人，他要將完整的胡桃賣出去，他的地位使他不能打破胡桃來看，所以他只能空唱「肥美可口」之類的高調，他的話也就不見得是真理。只有那買客，他怕吃虧，他要嘗試，他要打破了胡桃殼來檢查它的肉，胡桃的本身是不是好的呢？經過他的檢查，才暴露出真相來。所以他的見解才能夠和客觀的東西一致，才是真理。社會上的真理，常常是由被壓迫者把握著，而壓迫者所說的話，常常是在騙人，常常不是真理。外國有一句格言：「壓迫人的人，就是聰明的，也會變為愚蠢。」這就因為他的壓迫者的地位，使他不能把握到真理的緣故。

中國是被壓迫的國家，日本是壓迫者。中國民眾因為受日本侵略，才起來排日，而日本偏要說是因為中國先排日，它才來侵略。為什麼呢？就因為它是壓迫者，它的地位使它不能不強詞奪理，不能不說出許多欺騙人的話。要把握真理，就得要站在前進的實踐的立場上，站在打破現狀的被壓迫者的立場上，只有這樣，我們所認識到的一切才能夠與客觀世界一致，才不會是主觀捏造的見解。不過，現在又要問了：我們這樣所把握到的真理，是不是一成不變的東西呢？如果一成不變，將來永遠都會是這樣，那麼這就叫做絕對的真理。絕對真理是不僅僅在適合眼前的目的，不僅僅是在一種地位上有實用的效果。它是永遠的，普遍的。如果我們能完全把握到絕對真理，那麼，我們的認識就完結了，永遠不再進步了。

事實上，我們的認識是不斷地在進步，將來還要無限地進步，所以我們絕不能夠完全把握絕對真理。既不能完全把握到絕對真理，那是不是又要跟著實用主義者去，主張只有相對真理了嗎？這也是不對的。實用主義者所謂的真理，完全沒有標準。在我認為是真理，在你可以完全看做虛偽。今天是真理的，明天也可以完全推翻。明天的真理，不一定比今天進步，只不過是換一個花樣罷了。我們所謂的真理，是以客觀的事物為標準，合乎客觀事物的真理，是不容你隨便否認的，你如果不承認，那只是你的錯，不是這真理錯。所以這種真理，是有絕對性的，不過不是完全的絕對真理。它只是絕對真理的一部分。到了明天，如果我們的認識增加了，我們又可以知道更多的一部分，又可以知道得更完全些、更進步些。這種進步，不是像實用主義所想的那樣完全換了一個花樣，而是使今天所認識到的真理更深刻起來，使今天的真理發展到更高的階段，使它更完全地去接近到絕對真理。這樣，我們所把握到的真理，因為它不是完全的，所以在形式上它是相對的，這就是說，它在今天才是這樣，而明天就不一定是這樣了。但同時，又因為它是與客觀一致的真理，雖然不完全，究竟也是絕對真理的一部分，明天的進步，並不是完全將今天的真理推翻。所以，在內容上來說，我們的真理始終是絕對的，凡真理，都有絕對的內容，相對的形式。因為內容是絕對的，所以絕不能容欺騙者隨便否認，因為形式是相對的，所以它能夠不斷地發展、進步，一天比一天深刻，一天比一天完全，一天比一天更接近完全的絕對真理。

真理不斷地發展，我們的認識的進步是無限的。

第四章　方法論

十三、「天曉得！」——認識論和辯證法

在過去許多次的講話裡，我們所談的都是認識論的問題，現在要得把它結束了，再另外開始講一些新的東西。這就是一方面要收場，同時另方面又要開鑼，事體倒非常重要哪！正戲縱然唱得怎樣好，如果開鑼開得不對，還是很煞風景的。我們不能不想一個很好的方法，使聽眾們一來就覺得很入耳。想來，我們大家都是俗人，耳朵最聽得順的是日常的俗話。所以最妙無過於用一句俗話來開始。這一次的標題「天曉得」，不就是一句很熟的俗話嗎？由這樣平常的一句俗話談起來，大概總不至於像大學教室裡的哲學講義那樣令人想睡覺了吧。

「天曉得！」這句話和哲學有什麼關係呢？我們早已打破了哲學的神祕性，所以想要在俗話裡找出哲學思想來，是不會有人奇怪了。要緊的是要問這裡面有什麼樣的哲學思想？我們試先想一想：當我們聽見有人講「天曉得」的時候，這人是想告訴我們什麼呢？這一定是因為他遇到了一件很難了解的事體，使得他感覺到絕望，使得他嘆息，覺得人類所能知道的東西太少了。他要告訴我們：有許多事情，只有天才曉得，人是無法「曉得」的。想想吧，這不是一種認識論上的思想嗎？認識論上的一個很重要的問題，就是認識能力的問題，這問題要求我們解答的事情是：「人類能夠曉得多少東西？」而「天曉得」這句話就給了我們這樣一個解

答：「人的認識能力是有限的，人類所能曉得的東西並沒有多少。」我們不要以為這一個解答太平凡，而小看了它。要知道德國的大哲學家康德的「不可知論」的思想，也不過這樣罷了。自然，大哲學家究竟是大哲學家，他把這思想說得更巧妙、更高深、更難懂。不像我們平凡人用三個字就直截了當的說完了。

不過，我們在這裡只是提一個頭，證明一句俗話也是一種哲學，我們絕不要贊成「天曉得」的主張。試把過去許多次的講話認真回味一下，就可以知道我們所說的，和這天曉得的主張有什麼不同。

我們可以指出最顯明的一點：主張「天曉得」的人，他們先就把人類的認識能力看做固定的東西，人能夠曉得那麼多東西，就永遠只曉得那麼多東西，除此而外，「天曉得！」這種思想，是正確的嗎？現在有很多人知道社會經濟是在不景氣狀態中，而且不景氣一天比一天嚴重，如果你問他們不景氣的原因在哪裡，將來的前途如何，他們有的也會答覆你說，「天曉得！」很明顯的，主張「天曉得」的人，完全不知道人的認識能力會進步、會發展。康德和他們一樣，說我們的認識能力只夠曉得事物的表面現象，至於事物的本身，他說那是「物自體」，不可知。用比喻來說：一個胡桃擺在這裡，他說我們只能知道這是圓的、硬的、褐色的，至於內部有沒有肉呢？他以為這也是屬於「天曉得」的範圍了的。他不知道我們可以動手去打破那殼，這是變革的實踐，可以把「天曉得」變成「人曉得」。透過了實踐，認識能力就能夠進步，能夠發生新的知識，這一點，是不論「天曉得」主義者或康德主義者都不了解的。

我們不贊成天曉得的主張，因為它和事實不符合。事實上，人所能夠曉得的東西，是一天一天在進步的。有許多事情，在從前的人看起來也只是「天曉得」，但現在卻被「人曉得」了。有許多事情，我們在小孩時候看起來莫名其妙的，長大了幾歲以後，又非常覺得明白了。認識的能力，並不是固定不變的；認識是一種歷史的過程，一種發展的過程，是一種運動，沒有靜止的認識。所以在我們過去許多次的講話裡，我們完全沒有提到人類能曉得的有多少，不曉得的又有多少的問題，因為事實上壓根兒就不能這樣問。今天我們雖然有些事情不曉得，但是明天說不定又可以曉得了。在沒有打破胡桃的時候，我們自然不知道裡面有沒有肉可吃，這是我們所曉不得的。但胡桃一打破後，情形又不同了。對於一件事物，我們能打破它的現狀，改變它，(這就是實踐)那我們對它就能夠更曉得多些，認識的能力是跟著實踐前進的。所以，我們只能問目前有什麼東西還不曉得，卻不能說我們所曉得的東西永遠只是這些。我們既然不能問人類的認識能力究竟的是有多少，所以也就不必白費精神去研究這問題了。我們知道人類的認識能力是不斷地進步的，所以我們應該研究的問題是認識能力怎樣進步？怎樣運動？怎樣發展？過去的講話所研究的也不外是這些。我們首先問：人類所曉得的東西（也就是人類的認識）是從哪裡來的？答案是：我們的認識都是外界事物的反映，我們所曉得的都是從周圍世界裡得來的。我們再問，這種反映，是不是像照相機一樣，將表面的形象直接反映出來呢？答案是：人的認識絕不像照相機那樣簡單。眼睛、耳朵之類的感官上所得到的感性的認識，固然有點像照相機，是直接從各界所得的認識，但我們認識作用絕不停止在這一點，它還能更進一步，用理性的認識去推測到事物的內部，直接看不到的東西，理性的推測是可以把握到的。我們可以想像到胡桃裡有肉，能夠理解卓別林與勞萊、哈台的共通點，雖然這些在外表上好像直接看不見。並且，單是理性的認識還不夠，這有時難免成為空想，所以我們的認識還有更高的一步，就是實踐。在實踐中我們證實了理性認識中的推測，並且由此又開始更多的新的認識。最真實、最具體的知識，是由實踐得來的；而新的知識，也是在實踐中發生的。人類的認識和照相機大不相同的地方，也就在這一點。照相機的本身是死的，它只能夠把事物的外形死板板地反映下來，事物的外形不變，照相也不會變。但人是活人，人在實踐的活動中能夠自動地將事物的外形改變，自動地去剝出內部隱藏著的東西，自動地去反映出更深刻的映像。實踐是人類的認識的基礎。沒有實踐的活動，我們所曉得的東西就不會加多，不會進步。康德的認識論就是忘記了實踐，所以才會以為人類的認識能力永遠只有那麼多，才會以為有一種物自體為我們所不知道，才會以為有些東西只有「天曉得！」既然只有「天曉得」，那只好「聽天由命」了，這是宿命論的思想，這是不知道進取，不知道鬥爭和實踐的人所發出的頹廢的嘆息啊！

認識能力不是靜止的東西，認識也就是一種歷史，因此我們也把它當做歷史來研究。已經說過，在前幾次講話中，我們完全沒有提到人類能夠曉得多少東西的問題，只把認識作用所經過的過程舉出來，也就不外是這種理由。我們指出認識的過程是由感性的認識到理性的認識，又再由理性的認識走向實踐，在實踐中，又再開始新的進一步的認識，這樣不斷地像螺旋一般地循環下去，每循環一次，我們所曉得的東西就進步一次。這就是認識的運動過程。自然，這裡我們所舉出來的過程，只是一種概括的形式，是人類認識歷史總括起來的結果，實際上的認識歷史並不這樣簡單。所以這種概括的形式所表示的過程，雖然和認識的歷史一致，但同時也不能說它就是歷史，只能說它是認識史的理論。所以我們不把它叫做「認識史」，而把它稱做我們的認識論。總之，理論和歷史是一致的，但同時也是有分別的，理論只把歷史的總括的結果表示出來，至於歷史上的許多偶然的瑣碎的事，在理論中都得要抽去了。我們所講的認識論也就和認識的歷史有著這樣的一種關係。

不過，現在有新的問題發生了。以前我們的認識論裡，單單指出認識是一種運動，單單指出它的發展的過程。但它是怎樣運動的呢？它是依照著什麼法則去發展呢？為什麼由感性的認識能夠進步向理性的認識呢？這一切我們還沒有說到，還得要等待我們解答。這就好比對於一種植物，我們只指出它是會生長的，只指出它由一粒種子到發芽，抽枝，生葉，開花等等的過程，但我們還沒有說明，種子要怎樣才會發芽，才會抽枝？……在發芽抽枝等等的過程中，有些什麼樣的一定的規則？不說明這些，對於這植物的生長還是不能算已經了解的。又譬如，單單指出火車會在軌道上行動，這是誰也知道的事，有什麼稀奇呢？如果不知道火車究竟為什麼會行動，那還不是等於沒有了解這火車？對於認識的問題也是一樣，單單指出認識會運動，指出了它的過程，而不了解它是怎樣運動，不了解認識發展的法則，這對於認識論的問題還是沒有完滿解決的。

現在所發生的新的問題，就是認識的發展法則的問題。在這裡，我們要解答的是：人類思想的發生，變化，發展，是依照著怎樣的一些法則進行的。這些法則，就是我們今後開始要講的了，慢慢的，大家自然就知道。這裡要說明的是，研究這些法則的學問，另有這樣一個專門的名字：「論理學」，也稱為「邏輯」。不過這種論理學，和普通舊的論理學不同。舊的論理學只研究思想的形式，它把思想當做固定不變的東西去研究，所以只得到一些死板板的形式，但我們已經知道，認識是一種運動，所以思想也是運動，我們不能把思想當做死的形式來研究，我們要研究思想運動的法則。所以，為要和舊的論理學有所區別，就把這種論理學稱做動的論理學，也稱為「動的邏輯」，而舊的論理學則是靜的邏輯，也稱為「形式論理學」。

還要指出一點：人的思想的進步，也就是他的認識的進步。思想的發生和發展，也就是認識的發生和發展，研究思想的運動法則也就等於研究認識的運動法則。所以這裡的論理學，也就包括著認識論了。動的論理學和認識論是分不開的。最初提出動的邏輯的人，是德國的哲學家黑格爾。在他那裡，已經就把論理學同時看做他自己的認識論了。不但如此，我們已經反覆地說過思想或認識是外界事物的反映，思想的運動也就是外界事物運動的反映。更進一步說，思想的運動法則，同時就是反映著外界事物的運動法則。這樣，論理上的法則，和世界上一切事物的運動法則又是一致的。我們由論理法則的研究，不但知道思想是這樣運動，同時還知道世界上的一切物質也是這樣運動。因此我們的論理學同時又可以算做我們的世界觀。

有一個最有名的新哲學家告訴我們：動的邏輯，認識論和世界觀是同樣的東西。「可以適用在同一個科學（新哲學）裡，用不著三個名字。」理由不外就是這樣的。

十四、不是變戲法──矛盾的統一律

世界上的一切，無時無刻不在變動。但這變動，和變戲法的變是不同的。

變戲法，不曾見過的人恐怕沒有了吧？大戲院裡常常有大規模的演出，不過座價太貴。出不起錢的人，在街頭可以碰碰跑江湖的獻藝，幾個銅板，也很夠飽一飽好奇的眼福了。通常的戲法，不外是把一件東西變成另一件東西。例如一根棍杖放到氈子下面，立刻爬出一條蛇來；一粒米放在杯子裡，他可以給你變成一滿杯；或是一些枯乾的水草，放進玻璃缸去，用手巾蓋一蓋，就變成一缸活生生的金魚。……這一類的變法，在戲法中是最普通的，無論在大戲院或街頭的賣藝裡，都是必有的節目。

觀客對於魔術師所玩的這些把戲，照例是睜大著驚奇的眼睛去觀看的，也許還有人深信不疑，以為棍杖真的給魔術師變成了一條蛇。真的，一個變戲法的人，如果不能夠使觀客驚奇、讚嘆和信服，他的戲法就根本沒有人來看，也就不要想靠這一門職業來生活了；他要把他的技術弄得極其巧妙，使看的人出了錢，受了騙，還覺得非常滿意。其實棍杖並不真的會變成蛇，一粒米也絕沒有真的變成一杯的道理。魔術師不過是預先將蛇和滿杯的米藏在觀客所沒有想到的一個地方，到了臨臺的時候，祕密地搬出來，暗中和棍杖之類換掉了，巧妙地矇混過觀客的眼睛，戲法就算玩弄成功。

這就是變戲法的「變」。這種變動，並不是真的變動。棍杖既沒有變成蛇，一粒米也沒有變成滿杯的米，只不過調換了一下位置。即使硬要說是變動，至多也只能承認是位置上的移動，也就是一種機械的變動，絕不能說東西的本身有了變化，這是第一。其次，這一種位置的移動，完全是受魔術師的支配，棍杖和米的本身一點也不能夠自動。變動的推動力完全是外來的！而不是自發的。有許多人，常常把世界上的一切變動看做變戲法一類的變動。他們雖然承認變動，然而所承認的只是機械的移動。最顯著的，例如人類歷史的變化，就有人主張是一種循環運動，這就是說，我們雖然好像看見歷史天天在變動，天天有新的事情出現，然而這些新的事情，並不真的是新發現，它不過是過去曾經出現過而又消滅了的事情重複再出現一次罷了。這正好像有一個魔術師把過去的事情悄悄地藏起來，到了一定的時候，又把它拿出來給人再看一次。

事情的本身根本沒有變動，歷史的本身也根本沒有什麼進步，不過是一盞走馬燈而已。這種論調，不說別的，就是大名鼎鼎的周作人先生，最近也還不是在主張著的嗎？

這種關於變動的思想，也就是機械論的一種。它要我們相信這樣的兩點：第一，世界上的一切變動，只是變戲法樣的騙人的事情。大魚生出小魚，蠶變成了繭，稻稈上結成了穀子，一切的變化、生殖、繁衍的現象，都是假的。世界上的事物，本身絕不會由一種變成另一種，我們所看見的變動，不外是一種東西隱藏了，而另一種東西又來代替它的位置罷了。第二，戲法的變動不是事物本身的變動，而是魔術師推動的，於是為要說明一切變動的來源，就不能不假定世界上有一個大魔術師，掌管著一切的變動。萬物的變動，都是由他推動的。這魔術師是誰呢？是人嗎？人絕沒有這樣大的力量，那只好說是神了。這樣，機械論的變動思想結局是要叫我們相信鬼神，相信宗教啊。

但世界上一切事物的變動，實際上和變戲法是不同的。一切自然界的變動、社會的變動、人類思想的變動，都不單只是位置上的移動，而是事物本身的變動。水結了冰，我們絕不能說，這是因為神把水藏了，又把冰拿出來，冰的本身根本就是水變成的。封建社會變成資本主義社會，我們絕不能說，因為神把封建社會裝在荷包裡去了，又把資本主義社會拿出來。我們都知道資本主義社會是由封建社會本身發展變革而成的。我們在感性上先認識了卓別林的小鬍子、破皮鞋……後來又認識到他是一個滑稽大王，這並不是把小鬍子之類藏起來，再把滑稽大王拿出來的結果，其實滑稽大王這個概念，根本還是由小鬍子……等等變成，因為卓別林身上的小鬍子……等等的東西，處處都表演出滑稽的形相，我們由這種種滑稽形相的感覺，綜合起來，才能認識到這是滑稽大王，所以由小鬍子等等變成滑稽大王，這一種人類認識上的變動，也和變戲法的變法不同的。總之，世界上一種東西變成另一種東西，都是前一種東西的本身發展成的，絕不僅僅是位置上的變動，位置上的變動，也不能算做真正的變動。事物的變動既然是它本身的變動，那麼這種變動的推動力，就只能在事物本身裡去找，而不能像變戲法一樣地把原因歸諸於一個神或魔術師。換一句話說，變動的根本動力是在事物的內部，而不是外來的力量。為什麼呢？因為外來的力量是不能使事物的本身根本變化的。魔術師只能用一缸活金魚去把枯草調換位置，要他真的把枯草變成活魚，他是沒有力量做得到的。蛇蛋變成蛇，是因為蛇蛋的內部有這種可能。如果魔術師要把一個蛇蛋孵出雞來，也是做不到的。自然、外力不是不能幫助變化，譬如雞蛋裡可以孵出雞，用人工孵化的方法也可以使它孵化得快一點，但這只是幫助變動的一個條件而已，蛋裡是否能夠孵出雞來，抑或孵出鴨來，這是要蛋的本身來決定，不能夠由外力左右的。所以這變動的根本原因，是在事物的內部。

變動是事物本身的變動，而且變動的原動力也是在事物本身的內部。所謂內部的動力是指什麼呢？

先就事物的本身來看吧。隨便一件什麼東西，如果把它拿來分析，就可以看出它不是完全單純的一件東西。它是由許多的部分和要素所構成。簡單的如一塊鐵或一個石頭，它也有重量、硬度、脆性、大小等等不同的性質。一種動物、植物或者一個社會，其內容的複雜就更不用說了。凡是一件東西，總是一個複雜的統一體，它的內部絕不完全一致，它統一著種種互有差別的各部分和各方面，這是誰也能夠明白的。

不錯，誰都可以看見，一件事物包括著種種差別的部分。這是很普通的常識，但這也僅僅是普通的常識罷了。單單的常識是不夠的，我們還應該看得更深刻一些。我們還可以看出，一件事物內所包括的，不只是有差別的各部分，而且還包含著矛盾。所謂矛盾，就是自己推翻自己，自己否定自己，自己排斥自己的意思，這就是說，一件事物的內部，總包含著一種和它自己本身相反的要素。就用一個人的生活來說吧，我們一方面天天要吃飲食，以增加身體上的營養，以維持我們的生活。而在另一方面，我們的能力是天天在消耗，天天要用精力，到一定的程度就會疲勞。這和前面吃飲食以維持生活的一方面是恰恰反對的，所以在一個人的生活上，就包含著這樣一個矛盾：一方面要增加體力，一方面又要消耗體力。再用人類社會來說，一個社會是由許多的人所構成，而在這社會內部的人，也不是一致的。至少可以分成兩大部分，一部分的人希望維持社會現狀，而另一部分的人則又不滿意於現狀而要求打破現狀。這兩部分的人群的存在，就成為社會內部的矛盾。總之，不論個人的生活、社會，或世界一切的東西，沒有一樣不包含著和自己相反的一部分，沒有一樣不包含著矛盾。

它一方面要維持它本身的存在，維持現狀，但它的內部卻又潛伏著一種否定自己的傾向。

任何一件事物，都是一個統一體，它不但在內部統一著各種有差別的部分，而且還統一著各種的矛盾，這叫做矛盾的統一。矛盾的統一，就是事物變動的內部的動力。如果沒有矛盾，事物就可以永遠不變地維持著現狀，永遠靜止而沒有變動。但正因為有矛盾，因為內部潛伏著反對自己的傾向，如果要維持本身，就不能不壓制這種傾向，要被消滅，若不能壓制這種傾向，那麼本身就被打破。這樣，內部的矛盾，使一切事物的內部自己發生衝突，使它本身不能夠固定，使任何事物都有變動的可能性。因為體力會有消耗，我們才不斷地要飲食，要補足營養，長久不補充，就不能維持生活，就要死。因為有人希望打破現狀，所以社會就常常會變革。總之，這一切事物變動的原因，這矛盾，是在內部存在著的，並不是神或魔術師在玩戲法。

一件事物內部所統一著的不只是差異，並且統一著矛盾，因此它的內部就不斷地有衝突，因此這種統一就只是暫時的、相對的，只有矛盾才是永久存在的、絕對的東西。因為這種矛盾和衝突永久存在著，而統一只是暫時的，所以任何事物都常常會被否定、被消滅，而轉變成與自己相反的東西。一個活人遲早總不免要變成死人；一個不合理的社會，遲早總要變成更合理的社會。一撮像希特勒的小鬍，終於要被我們認識出來是滑稽大王身上的東西。

總之，在一件事物裡面（不論自然界的事物、社會上的事物、或人類思想上的事物）總有著矛盾的統一，而且統一只是暫時的、相對的，遲早這件事物會向著相反的方面推移，這是最要緊的一點。

矛盾的統一，是動的邏輯的第一條法則。人類的思想的變動和發展，以及思想所反映的世界上一切的變動和發展，都只有這條法則才能給與最根本的說明。我們要認識一切事物的運動變動，也得要從它們的內部的矛盾認識起。所以，動的邏輯的創始者之一曾這樣說：「所謂辯證法（即動的邏輯），就本來的意義講，就是要研究對象本身內部的矛盾。」

十五、追論雷峰塔的倒塌——質量互變律

雷峰塔已倒了八年了，到西湖去的人，再也找不到它古老的形影。但市面上出賣的風景畫片中，仍然少不了一幅「雷峰夕照」，一般人對它的印象也不見得就完全消滅。我們現在來追論它倒塌的往事，似乎還不能算很生疏吧。

塔為什麼會倒塌呢？自然，年代久遠，遭受了很厲害的風雨的剝蝕，這是使它倒塌的原因之一；但據一般的傳說，還有一個原因是愚民的偷拆：因為它是古塔，迷信的愚民都以為裡面一定有什麼神靈，把它的磚塊偷回家裡，希望可以消災降福，於是不知從什麼時候起，雷峰塔的磚便一塊一塊的被人搬走，而它的基礎也一天比一天不穩固了。最後自然到了不能支持的一天，而終於倒塌下來。

誰都可以想像得到：從雷峰塔的磚塊最初被人偷拆，一直到它倒塌，中間要經過相當長的時期。偷拆者每次只能從塔上取去一塊或兩塊。失去了一塊或兩塊的磚，對於雷峰塔是不至於有什麼影響的。照這樣拆去一次、兩次，甚至於幾十次，塔上的磚雖然漸漸少了，塔還是塔，它仍然可以穩固地立在那兒，不會改變了它根本的形狀和性質。但是偷拆的人絕不會只有幾十起，因此，偷拆的次數也不會到幾十次就完結，而塔的容量是有限的，能夠支持幾

十次，卻不一定能夠支持幾千萬次，被偷的磚漸漸多了，終有一天要超過它所能支持的最大限度，一超過這最大的限度，塔就不能再維持它原來的性質形狀，於是就要「變」，就要倒塌——這就是八年前雷峰塔的遭遇。

雷峰塔，就是這樣由塔變成了廢墟。這個變化的內容，並不怎樣複雜，不過是一個矗立高聳的東西倒塌下來而已。但我們如果細心一點，把它分析一下，就可以發現，這樣簡單的變化裡，也包含著兩種過程，第一是在未倒以前，人們把磚一塊一塊地偷走的時候，塔上磚的數目雖然漸漸減少，塔身的支持力雖然漸漸薄弱，但塔始終是塔，性質形狀不變。性質不變，單是支持力的變動，這叫做量變的過程，也稱為漸變的過程。第二，磚的數目減少得太多了，塔已經完全不能支持它的原狀，於是嘩啦一聲，倒了下來，這一下子，卻並不僅只是支持力量上的變化，而是性質形狀的變化了。性質變化的這一下子，就叫做質變的過程，也稱為突變的過程。

數量的變（漸變）和質的變（突變），這是最普遍的兩種變化過程，不單只包含在雷峰塔的倒塌中，世界上一切事物的變化，都離不了這兩種過程的。不論什麼東西，都有一定的質。雞蛋是橢圓形，能夠孵化成小雞，這是雞蛋的質，雞有毛羽、頭腳，會自動、會生活，這是雞的質。雷峰塔是一個圓錐形的建築物，矗立在西湖旁邊，這是雷峰塔的質，雷峰塔的廢墟是一堆散亂的磚瓦，不能成什麼形體，這是廢墟的質。有了質，一件事物和另外一件事物才有分別。我們說某物和某物不同，主要的就是指這兩種東西的性質不同。為什麼知道蛋和雞不同呢？為什麼知道塔和廢墟不同呢？也不外因為它們中間有質的差別。總之，質這東西，是事物的一種規定性。所謂規定性就是能使一件事物有一定的規定，使它表現出一定的特徵，使它能夠和別一件事物有分別。不論什麼東西都有一定的量，雷峰塔是由許多磚築成的，這些磚瓦必須有一定的支持力量，才能夠維持塔的性質，磚被偷了一塊，它的支特力的量也就減少一點。一個雞蛋，我們始終以為它是圓圓的一個，但它的內部的孵化的程度，也是有一定的，或者已經差不多孵成小雞了，或者還全然是黃和白，這一定的孵化程度，也就是雞蛋的一定的量。水，我們可以知道它的溫度有幾度；人，我們可以計算他有幾歲，這也是量。總之，無論什麼東西，不但有一定的質，同時也有一定的量，質和量在世界上一切事物中都是統一在一起的，這種統一，叫做「質量」。無論什麼東西，都是一種的質量。

由雷峰塔倒塌的事件裡，我們知道，各種東西的質雖然不同，但並不是完全不能相通的。質會變化，由一種質可以變成另一種質，塔變成廢墟，蛋變成雞，人和禽獸，表面上看來好像是很難相通的，但進化論已經證明人也是由禽獸進化而成。就人類社會來說，封建社會會變成資本主義社會，不合理的社會可以變成更合理的社會，這一切的變化，就是前面說的質的變化。

由雷峰塔倒塌的事件裡，我們又知道，性質的變化並不是一點規則也沒有的亂跳。沒有規則的亂跳似的變化，只在神怪小說裡才會存在。好像《西遊記》上的孫悟空，要變蒼蠅就變蒼蠅，要變石頭馬上就變石頭，這種毫無根據的變化，只好在空想的小說中描寫描寫，世界上實際絕不會有這樣的事。世界上真正的變化，像雷峰塔的變成廢墟那樣，並不是憑空而來，不是由什麼神怪的力量突然叫它倒下來。在它倒塌之先，還經過一番量變的過程，在這期間，它的磚一塊塊地被人拆去，支持力漸漸減少，但是性質卻始終不變。一直要減少到最大的限度，才發生質的突變。

世界上一切的變化，都是質和量的兩種變化交織成的，在一個時候，我們看見質的方面沒有什麼變化，然而量卻在那裡變化著。在另一個時候，我們又看見質的突變，一種性質突然轉化成另一種質，這也叫做「飛躍」，也叫做「連續性的中斷」：因為經過這樣一突變，舊有的性質就連續不下去了。這兩種變化，在世界上萬事萬物中交織著，並且很密切地互相關聯著。在量變的過程中，我們因為看不見質的變化，每每以為量的變化和質沒有關係，然而如果再細心一觀察，就知道，量的變化到了一定的程度，就引起質的變化；支持力減少到一定的程度，雷峰塔就要倒塌；蛋孵化到一定的程度，就要破殼。所以，量的變化是能直接轉變成質的變化的。或者反過來說，質的變化是從量的變化過程轉移所成的。再說得簡單一點，就是從量變轉到質變。

經過了質變以後又怎樣呢？質一變，自然就發生新的質，而舊的質消滅了。在這新的質中，不是仍然可以有量的變化了嗎？倒了的廢墟上，不是仍然有人去取磚嗎？孵化成了的雞，不是仍然繼續生長發育嗎？但是，這一次的量變，是有新的質做基礎，所以和舊的性質上的量變也不同了。是的，塔變成廢墟，仍然有人來取磚塊，但這一次的取，所影響到的卻不是支持力了，已經成了一堆廢墟，根本無所謂支持力，這時的量變，也就不再是支持力的變化。取了一塊磚，就是少了一塊，這就是說，現在的量的變化，只是單純的數目的減少，和那還是塔的時候不同了。並且就是磚塊的數目的變化，也和以前不同，以前是一塊塊的偷走，現在卻可以一堆一堆的拖。在這種情形下的量變，比在塔的舊狀時激烈得多了。所以量變雖然仍是量變，但因為有了新的質，所以也就是一種新的量變。這種新量的變，是在質變之後發生的，或者也可以說是由質變轉移而成的。簡單一點，就稱為從質變到量變。

從量變會轉移成質變，從質變又會轉移成新的量變，這兩種變化的互相關係，在動的邏輯裡是把它當做了第二條根本法則，簡單地稱做量和質的互變法則。這第二條法則，和第一條法則有什麼關係呢？第一條法則就是前次講過的矛盾統一律，它的內容也在前次說得很明白了，這裡用不著多講，不過，恐怕有人不知道兩種法則互相間的密切的關係，而把它們看做完全平行、完全獨立的東西，所以在這裡不能不再補充一點。

第一條法則是更根本的法則，要有了它，才能夠說明第二條法則的。為什麼量變到了一定的程度就轉移成質變呢？為什麼質變又能轉移成新的量變呢？這理由，我們在前面還沒有說明，現在要說明，就得要應用第一條法則了。

前次講話裡已說過：任何一件事物都是包含著矛盾的，它的內部時時刻刻有一種和它本身的性質相反的傾向。矛盾的傾向是永久的，沒有一時一刻會消滅，因此也沒有一時一刻不和它本身性質在衝突，甚至於到了一定的時候會否定了本身的性質而轉變成相反的性質。譬如現在所論的雷峰塔，它是由磚塊堆砌起來的一個直立的建築物，它內部的每一塊磚，時時刻刻都有塌落下來的傾向，同時因為許多的磚互相支持著，又不至於真的落下。這種矛盾的傾向，是沒有一個時候會消滅，因此雷峰塔的全體也沒有一個時候不是向著倒塌的方向走去。每天的風雨剝蝕，使塔的支待力量減弱下去，每次失去磚瓦，使塔本身倒塌的傾向更增大起來。在風雨剝蝕和磚瓦減少的時間，我們雖說看不見塔的倒塌，但是塔的內部的矛盾都在一天比一天發展。在表面上只是數量的變化，在實質上卻是矛盾的加強，數量的變化為什麼終於會轉移成質的變化呢？就因為數量的變化達到一定的程度時，矛盾的尖銳也到了不能再繼續的程度了，於是就否定了舊的性質，而變成新的性質。

因此，我們問為什麼雷峰塔的磚減少到一定的時候就要倒塌？為什麼量變到一定的時候就轉移成質變？答案就是根據第一條法則來的：因為在量變的過程中，矛盾也在不斷的發展，這矛盾發展到最後，就使原來的東西變成和它自己相反的東西，這就不得不是質變，這在蛋變雞的例子也是一樣的，蛋的內部孵化成熟了，就不得不破殼。

經過了質變的過程，舊的質消滅，新的質成立起來，在新的質的內部，又包含著新的矛盾。這矛盾和舊的矛盾自然不同，蛋的矛盾是要破殼，而破殼變雞以後，雞的矛盾是發育、生蛋和死亡。塔變成廢墟後，它的矛盾不再是要倒塌，而是一堆一堆地要被人運去作築牆砌壁的用途。這新的矛盾的繼續發展，就成為新的量變，所以又由質變轉移成了量變。

量和質的互變律已說清楚了，這次的講話到此結束吧。

十六、「沒有了！」——否定之否定律

這次的講話開始之先，我們先去請教了一位做生意的朋友。他是賣水果的，他告訴我們做水果生意，大部分都有季節性。除了美國的橙子和蘋果等極少數的東西而外，其他各種水果絕不是一年四季隨時可以買到。櫻桃只在三、四月才有，枇杷不到五月不甜，桔子至多留到六月就要腐壞了。一種水果有一種水果的限定的時季。做生意的人要趁著時季去趕辦，買水果的人也趁著時季來買吃。倘若你買的人不趁著三、四月內去買櫻桃，到落潮以後的五月，才想起來去問，那時水果店裡的人一定是搖搖頭對你說：「這東西現在已經賣完了，沒有了！」

「沒有了」。你聽了這句話，就會想：水果市場上有一種商品消滅了。就是水果店裡的人，他說這話的意思，也是表示那種商品從市場上消滅了。這是當然的，既然已經賣完，還能夠說沒有消滅嗎？如果有人對於「消滅」這兩個字表示懷疑，你一定要說他是瘋子吧！

但我們應該再仔細地想一想。

假如我問你：「櫻桃這商品從市場上消滅，是無緣無故的嗎？」你當然要馬上反駁：「何嘗是無緣無故呢？因為過了時季，而且賣完了。這就是消滅的原因。」好了，這裡就有了一件重要的事情：櫻桃從市場上的消滅，原來是在賣買的過程中消滅，不是無緣無故的消滅。水果店裡的人把它推銷出去，買的人把它吃了，這就消滅了。但是水果店的商人因了這種商品的消滅，而獲得了相當的代價：買櫻桃的人把錢給了他。這樣，所謂的消滅，嚴格的說起來，應該稱做「轉移」。因為商人的手中雖然沒有了櫻桃，但是又有了錢幣；櫻桃轉移成貨幣了，它並沒有絕對地消滅！

這樣一來，終局我們對「消滅」二字還是要抱懷疑的態度了。你也不能因為我們的懷疑而看做瘋子的行為。因為事實上這件事確是一種轉移。我們再回想一下前次的講話，那裡我們說到雷峰塔變成廢墟，蛋變成雞的事。雷峰塔倒了，許多人也都說它消滅了；蛋變成雞，人們也會說蛋消滅了。然而蛋不是轉移成了雞嗎？雷峰塔不是也變成了廢墟嗎？在前次的講話裡我們把這種轉移稱為「質變」，明白點說，就是從一種性質，轉變成另一種性質。這正是一種轉移，而不單只是消滅啊。

為什麼這轉移會可能呢？為什麼櫻桃會轉移成貨幣而雷峰塔會轉移成廢墟呢？這是要用事物本身包藏著的矛盾來說明的。前次講雷峰塔的時候已經說過一點了。一件事物的內部常包藏著自己的反對物，雷峰塔一面支持著它本身，一面卻包含著足以使自己倒塌的重量。這反對事物發展增大起來，到了一定的限度，就克服了原來的事物，而轉變成另一種東西。所以雷峰塔的支持力減少到某種程度，它必定就要倒塌。櫻桃轉變成貨幣，是不是有同樣的情形呢？有的！櫻桃自然有櫻桃的特殊情形，它變成貨幣在表面上是和貨幣對調，表面上看來好像只是位置的變換，並不像雷峰塔一樣地由本身變成廢墟，但櫻桃之所以能和貨幣對調，同樣還是由於櫻桃本身的矛盾。櫻桃是一種食物，而在市場上，卻不但是食物，同時還是一種商品，它不但可以食用，而且還有價值，這價值與一定的貨幣相等，就這樣，它本身已經包含著貨幣的性質了。因為本身包含著這種（和食用不同）矛盾的性質，所以才能夠和貨幣對調，而轉移成貨幣。這種轉移，和變戲法的受外力（魔術師）作用的位置轉換是不同的，這一點必須先認清。

不論是蛋變雞也好，雷峰塔的倒塌也好，櫻桃換貨幣也好。它們的轉移，都是因為它們自己包藏著自己的反對物，而被這反對物把它們自己克服了，於是也就轉變成這反對物。這轉移的過程，在動的邏輯上就稱做「否定」；這是哲學上的名詞，未免太文謅謅的了。改成俗話，就是前面水果店的店夥所說的「沒有了」。「沒有了！」我們由上面所敘述的一切，就可明白這句話，所代表的真意其實並不是完全消滅，一方面沒有了，一方面同時卻另有了一些東西，或者也可以說是新發生了一些東西。

看吧！動的邏輯裡所教給我們的「否定」（或「沒有了」）和我們平常所謂的「沒有了」，

是多麼不同！原來我們平常所說的「沒有了」，都是站在形式論理學（也就是所謂「靜的邏輯」）上的看法。形式論理學這位先生是非常古板的，它所說的「否定」，就是完全消滅的意思，它叫聲「沒有了」，那就甚麼都不要想有！然而動的邏輯卻相反，是極其活潑的。它告訴我們某種東西被「否定」了的時候，同時就暗示著另外的東西從原來的地盤上開始發生。不，不，還不僅只這樣！以前所說的都不夠，我們現在還得要補一點。「否定」，不單只同時暗示著新的東西的發生，不單只是舊的東西轉移成自己的反對物，換一句話說，新的東西不僅只是另外的東西，不僅只是和舊東西相反的東西；它和舊的東西還有著更密切的關係，就是：它還能把舊東西保存下來。雷峰塔的廢墟裡，還保存著雷峰塔的磚瓦；雞把殼破了，拋棄了，但雞的本身就是蛋的黃白孵化物的保存。再說，商品變成貨幣了，那些貨幣裡就保存著商品（櫻桃）的交換價值。自然，這裡的保存，是先要把舊的主要性質克服了、消滅了，然後才來保存，絕不會因為這一保存就要回復到舊的性質去。廢墟保存磚瓦，絕不會回到塔的原狀；雞保存了蛋的內容物，絕不回到蛋的原伏。貨幣保存商品的交換價值，卻絕不自己變成原狀的商品。所以這裡的所謂保存，絕不是要向舊勢力去叩頭。如果像現在有一般人，藉口中國要維持中國的本來面目，就想叫大家去讀一些烏七八糟的、過了時代的書，那就糟糕了！

新的東西和舊的東西是有這麼密切的關係：它不但是直接從舊的東西轉移而成，不僅僅消滅了舊的東西，它還把舊的東西在自己的內部保存下來。這是同時克服而同時又加以保存，黑格爾最初把這一種情形稱做「揚棄」。

舊的東西被否定了，新的東西起來把它「揚棄」了。然而，萬事萬物都有內部的矛盾，新成立的東西，雖然把舊的東西克服了，但它的內部不是又有矛盾了嗎？它把舊的東西保存下來，（要注意：不是無條件的保存，而是把主要性質克服了才保存的。）而這保存下來的東西，不是又成了它自己的反對物了嗎？於是這反對物又和先前的它自己一樣，在它的內部漸漸又發展起來，又增大起來，而要再回過來把它克服，把它否定。你看，雷峰塔遺給廢墟這許多磚瓦，磚瓦可以築塔，也可以築房子，因為有這一種性質，於是就和廢墟成了反對物。人們走來，一堆一堆的把它運走，拿去築他們所高興築的東西，於是廢墟漸漸削少下去了，最後是廢墟又「沒有了」，再轉移成新的建築，雖然不是塔，然而和塔一樣，同是建築物。再看商品，它被貨幣否定了，然而貨幣裡保存著這交換價值，可以拿去調換另外的商品，這裡就潛伏著否定貨幣的契機。果然，水果商人終於把這貨幣拿去買別的商品，不論是買他自己衣食住等方面的生活需要品也好，或是辦另外的水果來賣也好，總之他遲早要拿去買商品。於是，在先是貨幣把商品（櫻桃）消滅掉、否定掉。現在又是商品（生活需要品及別的水果），反過來把貨幣消滅，否定貨幣了。在先是廢墟否定了建築物（塔），現在是建築（人們所願意建築的東西）反過來否定了廢墟。在先是否定別人的，現在又是倒被別人否定了，這種情形，在動的邏輯上叫做「否定之否定」。

前面曾說過，動的邏輯中的否定，和形式論理學中的否定是多麼不同。就現在這「否定之否定」來說，也是一樣的。形式論理學上看見的「否定」既絕對的消滅，那麼「否定之否定」就是把消滅了的完全照原樣恢復，「二」否定了成零，再來一個否定就仍然是二，一個循環罷了！但動的邏輯裡所謂的否定之否定，卻不是這樣簡單地取消了又拿回來就完事，而是事物的本身矛盾發展的表現。二被否定成零，零又否定成二，都不是二的本身的矛盾發展而成的，只是一種外來的機械的取消和恢復。但塔變廢墟，是因為塔的本身能夠這樣變，廢墟又成為建築物，也因為廢墟的磚瓦本身可以發展成建築物，而幾，正因為否定之否定是發展的結果，所以它也不是簡簡單單的把舊東西恢復了就完事。恢復是有恢復的，但只恢復了某些的特徵，在根本的性質上，卻已經是更高級的東西，和舊的東西不同了。廢墟再來一個否定，恢復了建築物，在建築物這一點上，是和塔相同的。但新的建築物已經不是塔了。它不再像塔那樣做迷信或玩賞的對象，而是可以給人住的房屋了。即使不建築房屋，而仍然用磚瓦去建新塔，那我們也要知道這塔始終是新塔了，終究仍是不同的。

再用櫻桃的例來說。貨幣否定了櫻桃，貨幣再被否定的時候，是不是仍然恢復櫻桃呢？當然不是。因為，至少櫻桃的季節已過，要再辦櫻桃也不可能了。因此店老闆只能拿去買別種水果，並且把一部分的營利，拿來充當自己的開支。做生意都為了有營利，這是誰都知道的。所以商品經過了一度的否定之否定，至少就加多了營利的部分，這就告訴我們動的邏輯中的否定之否定是什麼。

現在得要把以上所講的整理一下。在我們所舉的幾個發展的例子中，凡屬於舊的原西，如塔、櫻桃、蛋等，都稱做肯定，也叫做正（或正題），把舊東西克服了新的東西，如廢墟、貨幣、雞等，在發展中稱做否定，最後恢復了的，如新的建築物，另外的商品和營利，雞生出來的許多新雞蛋等，是否定之否定的階段。這個階段一方面在許多特徵上，都好像恢復了舊有的東西，一方面因為它對於否定階段上的東西，也加以一種否定，一種揚棄，所以雖然消滅了那些東西，卻同時也把那些東西裡發展的成果保存下來，它因此是綜合了舊的、肯定階段上的東西和新的、否定階段上的東西，所以也稱為合（或合題）。

世界上的一切事物，都是依著肯定—否定—否定之否定（或正，反，合）的三個階段發展的。由肯定到了否定之否定的時候，這事物經過了兩次的否定，就把它所有的矛盾的雙方都解決了。於是達到了一個新的、更高的基礎上，再從此開始，新的正反合的發展和變化。每一個正反合，就成為事物的發展的每一個結節。這在動的邏輯上，成了第三個定律，和以前的矛盾統一律質量互變律並行，稱做否定之否定律。自然，三個定律仍是以矛盾統一律為最根本。否定之否定律和質量互變律同樣都是由矛盾統一律展開而成的。

十七、思想的祕密——概念論，概念的意義和用法

前次說過的賣櫻桃的事，現在還想再講一點。

賣櫻桃，做生意，把東西銷售出去，換一筆錢回來，這是生意場中極普通的事件，隨時可以看見，隨時可以認識得到，並沒有什麼稀奇，何必談了又談？但唯其不稀奇，就常常有值得研究的地方。如果我們一點也不用心思，只就表面來看一看，那我們只看見一些櫻桃和幾元或幾角的錢對調了一下，此外再想不到有其他什麼意義。大家還記得以前我們所講過的感性的認識吧？只看表皮，不了解更進一步的意義，也就是感性的認識。感性的認識是不夠的，我們認識一件事，還能夠更深刻一點；譬如賣櫻桃，像前次也提到的一樣，我們看見了錢和東西對調之後，在心裡會這樣想的：「櫻桃和錢對調？是商品轉移成貨幣。」在這裡，可以看出我們對於這件事所認識到的，並不僅僅是櫻桃和幾元、幾角錢的表面關係。我們同時還能了解：錢是貨幣，櫻桃是商品，兩者間的關係是貨幣和商品的關係。我們有了這樣的一種了解，對於櫻桃和錢的關係，就能夠把它的意義認識得更清楚了。因為這兩種東西的對換，和晴天變成雨天或月亮代替了太陽等簡單的位置變換，是不同的，它們確確實實是商品和貨幣的交換啊。

這有什麼值得研究的呢?在這裡我們要發見自己的思想的祕密。我們的思想是我們認識世界的工具，我們用思想來反映世界的一切。看見櫻桃和錢的對調，我們想到:「這是商品轉移成貨幣」。這就是一個最簡單的思想，在論理學上叫做「判斷」。我們用這一個最簡單的思想來反映櫻桃和錢對調的事件。而值得研究的，就是:我們的思想，為什麼並不直接說櫻桃轉移成幾元、幾角錢，而把「商品」這名詞代替櫻桃，把「貨幣」代替幾元、幾角的錢?我們知道，可以稱做商品的，並不僅止櫻桃一種，凡在馬路上店鋪裡擺著要賣的東西，都是商品，走進先施、永安等大公司裡，我們要碰到成千萬種的商品。就說貨幣，也不僅只這幾元、幾角錢可以算貨幣，一張鈔票也是貨幣，馬克是貨幣，先令也是貨幣，像現在的一些野蠻人和兩、三千年前的中國人，甚至於把貝殼也當貨幣用過的，所以世界上也有成千萬種不相同的東西被人當做貨幣。商品有成千萬種，貨幣有成千萬種，而我們卻能用簡簡單單的商品和貨幣這樣兩個名詞，就把這成千萬種不同的東西通通包括在一起了。這不是很了不得的嗎?但我們的思想就是專門要幹這種了不得的事情的。它把世界上一切性質相同而表面上略有差異的東西分門別類地概括起來，每一類別都給它一個適當的名字，這名字在論理學上就叫做概念，商品是一個概念，貨幣是一個概念。嚴格的說起來，連櫻桃也是概念，因為櫻桃裡也包括很多種，如洋櫻桃、紫櫻桃、紅櫻桃之類，不過所包括的種類沒有商品那麼多罷了。再推廣一步說，凡是我們思想裡所有的名詞，幾乎沒有一個不是或多或少地包括著許多東西在內，沒有一個不是概念。譬如「白」，我們總以為它不是概念了吧？它包括著「雪白」、「灰白」、「青白」等的白色，這又是概念了。自然，單獨一件東西所專有的名字，是不能算概念的。例如我們的姓名，地方的地名，地球，火星等名詞，這些都不是概念，而是某物所獨占的名字。但在我們的思想活動的範圍裡，概念是占著最重要、最大的部分。這些概念所包括的東西，或多或少自然沒有一定，譬如狗的概念，只包括著各種狗類，而「獸」的概念，卻連狗以外的一切四足獸類都包括在內了，動物包括的自然比獸類更多（連飛禽在內），而生物的概念更比動物廣了（因為包括植物）。一切概念中包括最廣的，通常也稱為範疇。

如果有人問：「我們的思想是用什麼東西來反映世界的一切呢？」我們可以毫不遲疑地說：「用種種的概念和範疇！」這就是我們先前說要發現的思想的祕密。為什麼我們的思想要用概念和範疇反映世界呢？因為世界上的東西，在表面上看來，雖然千種萬樣，一樣和一樣不同，然而在實際上它們中間都常常有著密切的關係。我們的思想反映世界，絕不能夠單單把表面的各種不同看一下便完事，而要連它們中間的種種關係也反映出來，概念的功用便在這裡了。我們在德國看見馬克，在上海看見大洋，在野蠻的民族裡看見貝殼，三種東西在表面上是不同的。如果有人問：「它們中間有什麼關係呢？」我們馬上可以用一個概念來作答：

「它們同樣都是貨幣。」這樣一來，三樣不同的東西中間的關係就弄明白了。貨幣這概念，幫助我們去抓住馬克、大洋和貝殼的共通點，使我們能夠不僅僅看到它們外表上的不同，同時還進一步了解它們中間的密切的關係。沒有概念，這些關係就把握不到，也就不能夠深刻地認識世界了。所以，思想是離不了概念和範疇的。

概念和範疇在我們的思想中是這樣重要，我們不能不把它特別地研究一下。

第一件要注意的事是：思想是世界的反映，範疇和概念當然也反映著世界上事物。所以當我們應用任何概念時，切不可忘記它所反映的東西。貨幣是反映馬克、大洋等等交換的媒介物，商品的概念是反映一切拿到市場上去出賣的東西。應用貨幣這概念時，我們不要忘記它所代表的世界上各種的貨幣，研究商品時，也不要忘記了世界上實際存在著的商品。有人也許要說：「這當然不成問題，無論是誰，見到了商品兩字，絕不會忘記它是代表各種現實的商品的，如果真的會忘記，那簡直是白痴了。」這話好像很有理，然而其實是不明白思想的祕密內幕的人所說的外行話。你以為沒有人會忘記，但偏有人常常會忘記。不信請慢慢地聽我說明理由。譬如我們前次曾講過一個範疇，叫做「否定」，用俗話說就是「沒有了」，這個範疇包括的範圍很廣，世界上無論什麼東西的消滅，都可以稱做否定。但我們運用這範疇的時候，就常常會忘了一件東西消滅的實際情形。我們說「沒有了」、「否定了」，於是就照那概念的表面的意義去了解，以為那東西完全消滅了，這是真的嗎？恐怕通常的人都要說這是真的。然而說這話的人就不知道，當他這樣來了解「否定」這範疇的時候，他已經把現實世界裡真正的否定丟開了。因為在前次我們就說過，世界上的任何東西，都不會絕對消滅的；一件東西消滅時，在它本身的基礎上一定又另有一件新東西發生起來。櫻桃這商品從店鋪消滅後，老闆就收進了貨幣。所以如果我們不忘記現實世界上真的否定，那我們就看見它不單只包含著「消滅」一方面的意義，同時也有轉變和新生的意義。然而我們平常應用這範疇的時候，就常常會把這種實際的內容丟開，而僅僅看見一面的意思，以為否定就是絕對消滅，一點影響也不留；否定這個範疇被我們這樣一應用，它就變成空的東西了，本來我們要拿它來反映世界的，但它現在和世界上的真實情形竟連繫不起來，只剩得一個沒有內容的空殼、一個形式。這樣的範疇或概念，就叫做抽象概念，所謂抽象，意思就是說它的豐富的內容都抽空了。形式論理學裡，所用的概念就完全是抽象的概念。所以沒有辦法使它和世界上的事實結合起來。在外國，康德就因為這樣著了迷，他說世界上的一切現象和我們思想中的範疇完全是兩樣東西。中國現在的張東蓀教授也因為形式論理學作祟，老是在那裡死咬著思想上的律不能夠和事實上的律相同。如果思想果真和世界上的事實不同，那我們怎樣能夠認識世界，我們豈不都是一些瞎子了嗎？我們要不做瞎子，就得要使我們的思想和事實相符，使我們的思想能正確的反映世界，要做到這一步就必須先使我們所應用的概念範疇，能夠很完全地包含著事實的各方面的內容。詳細點說，就是當我們應用一個範疇的時候，不能單就這範疇表面上的貧弱的意思來說話，而應該直接去研究這範疇所包含的許多事實，把事實的各方面都要看個明白，（例如「否定」的消滅的方面和轉變、新生等方面。）例如我們常常提到「萬惡的社會」，這也是一個概念。我們常常因為這概念的兩個不好的形容詞，就以為真是除了萬惡以外什麼都沒有了。其實這是咬文嚼字，我們應該去研究它所代表的現實的萬惡社會。從這裡我們可以發現這社會裡固然也有萬惡的方面，然而同時也有前進的方面，如果努力去促進這一方面，是可以把萬惡克服的。又譬如現在有很多人在高叫中國本位文化的建設，「中國本位文化」，這又是一個概念，然而他們是怎樣來解釋這概念呢：中國本位文化，就是根據中國此時此地的需要來建設中國文化，這樣解釋，表面上是很合理的。然而可惜也只是限於表面而已。如果我們不忘記概念所包含的現實事實，那我們就應該直接去研究中國的實際情形。這樣一來，我們就很容易發現此時此地等等的話是多麼籠統和空虛。中國全國的人並不是完全一致的，有努力於社會改造的人，另一方面也有漢奸等等，在漢奸看來，賣國求榮正是此時此地的需要，正是他們眼中的中國本位，如果他們也用這概念去替自己辯護，豈不糟糕？所以，我們要改善中國的文化，絕不能籠統地說什麼中國本位，而應該以前進的民眾為本位，以前進民眾的需要為標準。這樣，我們就知道用此時此地來解釋中國本位，是太空虛抽象了。按照事實卻應該要求前進民眾本位的文化。

總之，應用一個概念的時候，要把它所代表的事實各方面都研究到，使它包含著充分的現實的內容。這樣的概念，就不是空洞而抽象的，而是具體的概念。我們講了上面一長篇，就是為要大家能夠應用具體的概念去思想，也只有要具體的概念，才能夠和事實符合，才能夠反映世界。

以上是關於概念和範疇的第一件要注意的事。現在再說第二件：我們既然能夠顧慮到概念的具體內容，這些內容有著種種的方面，於是我們就可以進一步看看這些方面互相間的矛盾。例如拿商品來說，商品本來是有價值，可以拿到市場上去賣的東西，這是它的一方面的內容。然而另一方面，它也是可以供人使用的東西，也可以說是有使用價值。櫻挑供食用，衣服供人著用；不能夠供人使用，也不成其為商品。但這一點，就和商品的內容矛盾了。因為供人使用的東西，並不一定就是商品。我們從水果店裡把櫻桃買來吃，當它在店裡的時候，它是商品，我們一買了過來，商品的性質便沒有了、「否定」了，完全變成使用品了。

所以商品的使用價值，是它內部的矛盾，這一個矛盾能夠把商品的概念否定，使它變成自己的反對物，變成使用品的概念。由這一點，我們又知道各種概念原來並不是各自孤立，它們中間常常有一定的關聯，能夠互相轉變。它們要有流動性，柔軟性。有這流動性，才能夠反映世界上的變化。一個概念轉變成另一個概念，就反映一件事物轉化為另一件事物。這就是動的邏輯中的概念的特色。這在形式論理學當然是做不到的，因為形式論理學的概念是抽象概念，只給它有一點表面上的意義，而不讓它包含著矛盾的方面。提到商品，形式論理學就說：「這是拿去賣的東西，而不是供人使用的東西。」它只承認商品有交換價值，不肯承認裡面同時必須包含著使用價值。提到萬惡社會，形式論理學就說：「萬惡就是萬惡，一點辦法也沒有。」不知道萬惡的內容也包含著前進的要素，這前進的方面發展起來，萬惡的社會也會轉變成進步的社會。再用中國本位來說，如果我們不單單在這文字的表面意義上咬文嚼字，而具體地去研究中國的真正需要，看清楚中國的前途和世界帝國主義的生死有多麼密切的關係，就知道，如果真正以中國前進民眾為本位的一切建設能夠成功，那就足以制世界帝國主義的死滅，因此也就是使世界的前進民眾走上成功的道路。這樣一來，中國本位實際上也就包含著世界本位，而且也會轉變成世界本位的，絕不能關閉在一國的雀籠裡唱高調！

總之，關於概念和範疇第二件要注意的事，就是：不但要使概念包括各方面的事實內容，並且要研究這些內容中間的矛盾；研究一個概念怎樣能夠由於這些矛盾而變成另一概念。

到這裡，我們會想起前三次所講過的三條關於動的邏輯的根本法則來了。我們現在研究概念和範疇，也正是運用著這三條法則啊。

我們要研究概念內部各方面的矛盾，就是應用矛盾統一律，我們要研究一個概念怎樣「沒有了」，怎樣轉變成另一個概念，這裡就要應用質量互變律和否定之否定律。已經說過：人是用範疇和概念去思想的。範疇和概念的變化也就是思想的變化。現在這一條根本法則能應用在範疇和概念上，就表示這些法則正是思想的變化發展的法則。動的邏輯（或動的論理學或辯證法），本來是研究思想的變化和發展法則的。不過思想的變化發展也是反映著世界的變化發展，所以動的邏輯裡所研究的法則也不僅僅能應用在思想上，它同時也是世界變化發展的法則。這在以前的講話上已說過，這裡不過重複申述一下罷了。

有幾個重要的範疇，得特別提出來研究一下的，如本質、現象、必然、偶然等，以後再講吧。

十八、青年就是青年——形式論理學與辯證法

好幾次好幾次以前，我們曾經講過關於卓別林的話，現在還想再拿來講一講。卓別林是什麼人呢？人們馬上會回答：「卓別林是滑稽大王。」

這答話是不是有什麼錯誤呢？當然一點不錯。卓別林本來是一個滑稽大王，卓別林和滑稽大王是相同的。所以「卓別林是滑稽大王」這一句話，完全代表著一個事實，一點也沒有虛假。既然能代表事實，當然就沒有錯誤了。

但我們可以反問一句：「滑稽大王一定就是卓別林嗎？」人們一定又會答說：「當然不是。羅克也是滑稽大王，裴司開登、勞來、哈台等也同樣是滑稽大王。滑稽大王這頭銜，包羅很廣，不是卓別林一個人所能專有的。換一句話說，滑稽大王和卓別林是不相同的。卓別林是卓別林，是一位戴小鬍子，破鞋帽，提著竹杖的流浪兒，而滑稽大王又是滑稽大王，是一種能夠令人發笑的人物。」

細細一想，這不是矛盾嗎？前面說卓別林和滑稽大王是相同的，現在又說滑稽大王和卓別林是不相同的，到底哪一方面對呢？答覆的，「兩方面都對」！不管我們怎樣覺得奇怪，甚至因此迷惑起來，我們仍然不能不承認兩方面都對。卓別林和滑稽大王本來是相同，而同時

又是不相同的。卓別林是一個特殊的人的名字，而滑稽大王是包括較廣的、普遍的概念，特殊的名字和普遍的概念，本來是矛盾，是不相同的，但事實上我們又絕不能說卓別林不是滑稽大王。在這裡，我們應該想起前幾次講過的一條定律，「矛盾的統一律」來了。這是動的邏輯的根本定律。不論世界上一切的事物，社會上的一切現象，以及人類的思想，都是一個矛盾的統一，都是在內部包括著矛盾的。像「卓別林是滑稽大王」這樣普通的一句話（這在思想上算做一個「判斷」），不就是矛盾的統一嗎？滑稽大王並不是卓別林，卓別林和滑稽大王矛盾，然而卓別林就是滑稽大王，卓別林和滑稽大王是統一的。

由這一點，我們就可以知道動的邏輯的法力是多麼令人心服了。不論我們說一句什麼話，就是最簡單、最平凡的，也逃不了矛盾統一律的支配。我們遇見一個青年，我們說：「這青年是一個店員！」青年不一定是店員，店員也不一定是青年，店員和青年是矛盾的，然而我們卻可以毫不懷疑的把這青年和店員連到一起。如果我們不肯依從矛盾的統一律的法力，結果我們將要連一句話也不說，一點事情也不能思想了。

以前我們曾講過的形式論理學，就和這動的邏輯相反。我們剛才的話，如果被形式論理學者聽見了，一定要大大的表示不肯贊同。因為他們是反對矛盾統一律的。然而他們的主張是怎樣的呢？現在就可以順便來講一下。形式論理學也有三條定律，和矛盾統一律是針鋒相對，我們且把它一條一條地說一下：——第一條叫做同一律，意思就是說，同一樣東西，內部絕不能夠有矛盾。寫成公式，就是A是A，A等於A。如果要嚴格地遵守著這一條定律，那麼，像先前我們所說的「卓別林是滑稽大王」一句話就錯誤了。因為卓別林就只能是卓別林，滑稽大王和卓別林是矛盾的，所以不能包含在卓別林內。這樣，我們的說話和思想，除了把同一名字反覆一下之外，就不能再進一步了，我們只能說：「這青年就是這青年」，「卓別林就是卓別林」，除此而外，就不準再說什麼了。中國在兩千年前，有一個叫做公孫龍的人，也就是利用這同一律，主張白馬不是馬，因為按著同一律，只能說：「白馬就是白馬」，這不是很好笑嗎？試想，如果人人都照著同一律去思想、去說話，哪還能夠反映世界？

第二條叫做矛盾律。意思是說：矛盾的東西，絕不能同一。這是把第一條律用反面表現出來。寫成公式，就是A不能是非A，A不等於非A。用我們先前的例子來說：滑稽大王既然和卓別林是矛盾的，所以也就不能和卓別林統一起來，倘若用卓別林來代表A，那麼滑稽大王就是非A，於是，因為要嚴守著這一條定律的緣故，我們就只好說：「卓別林不是滑稽大王，卓別林不等於滑稽大王了。」倘若另換上青年店員的例子來說，即使這青年真的是店員，但因為店員和青年兩個概念也有矛盾的緣故，我們就只能不顧事實地說：「這青年並不是店員了！」公孫龍主張「白馬不是馬」，還不是根據這一個理由嗎？

以上兩條形式論理學的定律，第一條告訴我們，凡同一的東西就只能是同一，第二條又告訴我們，凡矛盾的東西也只能是矛盾，總括起來，就表明世界上絕不能有同時是同一而同時又是矛盾的事物。這一總括結果，又有了第三條定律，叫做排中律。這條定律的意思是：「一件東西，如果是A，就不能同時是非A，如果是非A，就不能同時是A。」若要嚴格點遵守這條定律時，對於先前的例子，我們就不能不這樣說：「某人如果是卓別林就不能同時是滑稽大王，如果是滑稽大王，就不能同時是卓別林。」或是：「某人如果是青年，就不能同時是店員，如果是店員，也就不能同時是青年。」所謂「排中」就是只能偏於一邊，而不許站在中間的意思。如果再讓公孫龍來說話，那就是這樣的：「馬是馬」，不能同時是白馬，白馬也只是白馬，不能同時是馬了。這些話不是明明很不合事實嗎？但我們要知道，如果要嚴格地遵守著形式論理學的定律，我們除了這樣不顧事實的亂說，實在沒有別的方法啊！

嚴守著這些定律的結果，又會發生怎樣的情形呢？結果我們就會以為，卓別林是卓別林，滑稽大王是滑稽大王，青年是青年，店員是店員，各是各……世界上一切東西都各自獨立起來，相互間一點關係也沒有。一切東西都是固定的，永遠不變的（如果會變，會轉化成別的東西，那就和別的東西有了關係了，這和形式論理學的三條定律是不能相容的）。是的就永遠是，不是的就永遠不是，絕不會同時是而同時又包含著不是的。這種思想，就是我們常常說到的形而上學的思想。再重複一遍說：所謂形而上學，就是從形式論理學產生的，它的特徵，就是把世界上的一切事物，或社會上的一切現象，或思想中的一切概念等都看做固定的，各自獨立毫不相關的東西。這和辯證法恰恰相反，因為辯證法是要把這些東西看做永遠會運動變化，沒有一刻靜止，時時刻刻互相關聯，互相滲透的東西。

形而上學的意義已經順帶解釋明白了，現在再繼續講一講形式論理學的話吧，我們現在要把它拿來和動的邏輯比較一下，究竟哪一方面有價值呢？不消說，在前面我們早已宣布了形式論理學的死刑了，我們已經指出動的邏輯的第一條矛盾統一律，其法力是多麼偉大，我們又指出形式論理學的幾條定律是多麼不合事實、多麼令人好笑，誰優誰劣，明明是已經用不著說的了。可是，話雖如此說，不佩服的人仍然有的。他們首先就要說：動的邏輯在世界上正式成長起來，才不過是幾十年以來的事。在這幾十年以前，人類總把形式論理學當做神聖不可侵犯的經典。如果它是完全不合理的東西，哪能夠維持這樣長久的勢力呢？它能夠維持這樣長久的勢力，就證明它總有一點用處。

用處在哪裡呢？——形式論理學的擁護者又會繼續解釋說——形式論理學不能表現各種事物互相間的關聯，不能看出事物的變化，它把卓別林和滑稽大王隔絕起來，使店員和青年不能連結在一起。這是它的缺點，在這些地方，固然要讓位給動的邏輯，但反過來說，如果要把一件事物單獨分離開來看，或者要把它當做靜止的狀態來看，或者在很小的、日常家事的範圍裡來觀察事物的時候，我們就不能不用形式論理學了。嚴格的形式論理學雖然不能說青年是店員，但青年總是青年，店員總是店員，形式論理學這樣單獨地分離開來，說青年就是青年……並不為怪呀！難道青年還不是青年嗎？這一點就是形式論理學不能推翻的地方，這一點就是它的用處了！

這一種意見，不單只在擁護形式邏輯的人會這樣說，就是有一部分掛著動的邏輯的招牌的理論家，也常常這樣說的。他們的意見是，動的邏輯雖然不能反對，但形式論理學也同樣不可推翻，因為這兩種思想方法是各有各的用處，各有各的地盤的。動的邏輯管理著運動變化和互相關聯的地盤，形式論理學支配靜態的個別獨立的地盤。這種意見，不要說外國，就是中國也很有人主張的。例如葉青先生，就是其中之一。

這種意見是否對呢？我們的答覆是：不對！把形式論理學和動的邏輯平等看待是不行的。在現在，真正的前進的思想裡，絕不能讓形式論理學占據地盤。因為我們現在已知道，世界上就根本沒有完全獨立的東西，也沒有絕對靜止的狀態，人，無時無刻不在生長；社會，無時無刻不在變化，就是一塊石頭，表面上看它不搖不動，實際上它內部的微細分子卻在那兒很激烈地變化運動著。所以，認真說起來，絕沒有什麼靜態的地盤可以讓形式論理學來立足的。擁護形式論理學的人也許會說：絕對的靜態雖然沒有，但至少像石頭這樣表面上的靜止狀態，也可以說是相對的靜止狀態，是仍然有的。例如眼前的日常家事，我們暫時之間總可以說它是沒有變化。這裡不是應該有形式論理學支配的餘地嗎？但我們仍然要答覆說：沒有！因為相對的靜態究竟不能算是真正的靜態。所以內部仍有矛盾，不論運動變化的狀態中或相對的靜止狀態中，都是一樣。所以形式論理學是沒有能力可以支配的。再用青年店員的話來說，在眼前，這青年當然不會馬上變成老年，所以暫時是靜止的。但我們要了解這青年是什麼人，我們仍然不能照著形式論理說：「這青年就是青年。」這一定不能使我們滿足的。我們始終還是要說：「這青年是一個店員」，然後才明白這青年的本身。這仍然是在動的邏輯的管轄之下的。

但是，最後我們也不能不承認，形式論理學曾經被人崇奉過一、兩千年。這是為什麼呢？這是因為，在這一、兩千年中間，人類所處的社會，是一種運動很遲緩的社會（如封建社會），或者社會的變動雖然激烈，但支配者希望這社會永久存在，無形中造作出固定不變的幻想（例如資本主義社會），這種情形，就使他們自然而然地接近形式論理學和形而上學，因為形式論理學和形而上學很能幫助他們去造作那種萬世不變的幻想。同時，形式論理學自然也能夠抓著一小點真理，所以才能這樣迷惑人。像「青年人就是青年人」、「白馬就只是白馬」

一類的話，雖然只是很無聊的把一個名詞重複兩次，但你也不能說這種話絕對不能說，青年人本來是青年人，白馬本來是白馬呀，有什麼不合理呢？既然不能說它不合理，所以人們把形式論理學崇奉了一、兩千年而仍然沒有人起來反對，這也不是無緣無故的了。但我們現在要注意的是：「青年就是青年」等等的話，雖然沒有什麼說不通，但要表現事實，是無論如何不夠的。我們一定要在「青年就是青年」之後，再補上一句，「同時也是店員」，才能夠說明一件事物。正確一點說，形式論理學的思想，雖然不能說不是思想，然而只算低級的思想；我們現在既已有了高級的動的邏輯，就用不著形式論理學了。形式論理學到現在是被動的邏輯揚棄了、否定了。如果現在還有人要把形式論理學和動的邏輯同等看待，那是開倒車，至少是和開倒車的勢力妥協。

（追補）講完了這一篇後，一定有讀者要起來反駁我，說：「你把形式論理學曲解了。我也曾讀過一些關於形式論理學的書籍，也明白同一律之類的定律，但以我所知，形式論理學就從沒有反對我們說『青年就是店員』之類的話，更不見得會主張只有『青年就是青年』才是合理的判斷。隨便翻閱哪一本形式論理學的書籍，裡面所引用的判斷不全然和『青年就是店員』一類的嗎？例如『人是動物』、『人都是會死的』等等，不是常常在這些書裡看見嗎？你說依照形式論理學的定律，不能夠說『青年是店員』，不是一個大大的曲解和誤謬嗎？」

對於這樣的讀者，我很感謝他的熱心，佩服他的聰明。但要說我曲解了形式論理學，那我可不能承認。這位讀者所說的一切，固然也是實情。任何形式論理學的著作，都不能夠反對「青年就是店員」一類的判斷，如果要反對，要嚴格地遵守著同一律，那恐怕形式論理學的一切著作根本就產生不出來。但由這一點，也就可以看出一切形式論理學書本身的矛盾了。要嚴守同一律，本來只能容許「青年就是青年」的，然而形式論理學竟不能這樣，在一個簡單的判斷裡，也不能嚴守著它的最高定律了。

因為這樣，所以形式論理學把同一律裡的所謂同一，分成了兩種。一種叫做絕對的同一，就是「青年就是青年」之類。一種叫做相對的同一，就是「青年是店員」之類。這樣一分開了後，再把絕對的同一拋棄不用，而用相對的同一。這種相對的同一，嚴格地說起來已經不能算做真正的同一，而是如我們所講的一樣，只不過是「同一」和「不同」的統一，或者也可以說是在同一中包含著不同了。

形式論理學用相對的同一容許了「青年是店員」之類的判斷，不是已經和辯證法一致了嗎？不是已經容許了矛盾的統一了嗎？如果是這樣，我們就不能批判它了。不是的，形式論理學在這裡也還沒有和辯證法一致。雖然容許了「青年是店員」之類的判別，但仍然不肯容許辯證法的「矛盾統一律」。如果依著矛盾統一律，我們又可以說：「青年是店員但同時也不是店員。」例如這位青年店員在閒暇的時候努力讀書寫作，有成為一個作家的可能，那我們就不能說他徹頭徹尾只是一個店員，我們還得承認他至少有成為作家的資格，因此就可以說他「同時也不是店員」了。但在形式論理學裡，卻絕不能容許我們這樣說法：「青年是店員，所以青年就只是店員。」如果要說「同時也不是店員」那就違犯了同一律了。所以雖然容許了「青年是店員」的判斷，仍然不能進一步和辯證法一致的。

這樣，形式論理學受了同一律的束縛，雖然容許了「青年是店員」的判斷，但仍然是低級的思想方法。它只能看見眼前的表面的事實，而看不見更深一點的東西，它只看見青年現在是店員，卻看不見這青年在另一方面同時也有作家的資格，更看不見這青年將來的發展。只看見眼前的片面的事實，這就是低級的。

十九、兩種態度——兩條線上的鬥爭

讀者諸君，我們大家講了好久的話，直到現在還沒有問一問你們的生活情形。你們現在有的是有職業，也有的是失業了，也有的還在學校裡……當然，大家的情形是千差萬別的，如果要一個一個細細的來問，那就用幾天幾夜的工夫繼續不斷地來問也問不清！然而我們可以說：大家都同是生活在一個同時代的社會裡，大家都離不開這個時代和這個社會，大家都各有一個環境。這個環境，對於我們當然是很惡劣的。現在難道還有人說自己的環境己經完全滿意了嗎？如果有，那只是另外一種有特殊地位的醉生夢死的人，和我們大家全不相干，對於我們這個不能令人滿意的環境，我們抱著怎樣的態度去對付它呢？各位讀者，這問題你們想到了沒有？如果沒有，現在請你回憶一下：你用什麼方法在對付你的環境？

大家常常看《讀書生活》，也常看過《讀書生活》上討論做事對人或應付環境等等關於生活的文章。在我們做事對人的時候，大體上有兩種人的態度我們是要反對的。第一種人是一味地遷就環境，和環境妥協。他們膽小得很，眼光也近視得很，你如果問他們：「為什麼不看得遠一點？為什麼不拿出勇氣來奮鬥一下呢？」他們的答覆是：「客觀環境太惡劣了，沒有辦法！」他們如果懂得理論，也許還會有這樣一大套解釋，說：「人是受環境決定的，環境要怎樣，我們就只好怎樣，這是唯物論的真理呀。我們不是觀念論者，所以只好服從環境。」

第二種人又是恰恰相反，這種人看起來是很勇敢的，他們對人做事，完全不肯顧到環境。他們沉醉在自己的理想裡，而以為周圍的一切都是庸俗不堪的俗物。人如果警戒他們說：「不要太空想了，應該要斟酌你的環境條件去做事呀！」他們馬上要反駁說：「這是妥協！這是屈服！我們要服從自己的思想和自己的理論，而不能對環境屈服，所以我們做事絕不能顧到環境。」

一般人所謂「老於世故」的人，他們對付環境大概就是取第一種態度。這種態度所能達到的結果只是苟且圖全，得過且過。自然，這一種俗物的態度，眼前的平安也許可以維持，然而要做一點有意義的事情，卻全然不可能。在哲學上，因為這種態度是過分的看重了客觀環境的力量，所以稱做客觀主義的態度。它主張客觀環境能決定人的行為和思想，所以也可以算是一種唯物論。但因為它把人的思想的力量完全抹殺了，所以只是機械的唯物論。第二種態度是一般所謂「不懂世故」、「幼稚」的人所常有的。因為只注意理論、空想，而不顧實際，因此所要想做的事情，總是做不到，容易失敗，也就容易灰心，容易沮喪。在哲學上，這種態度叫做主觀主義的態度，因為它太看重了主觀的思想，或理想，所以同時也叫做觀念論。在我們的現社會裡，年老人多半抱著第一種態度，而青年人多半有第二種態度。如果說後者是青年病、幼稚病，那麼前者便是老年病了。

兩種態度都是病，而不能算是健全的生活態度。在表面上，這兩種態度完全相反，一個是客觀主義，一個是主觀主義；一個是觀念論，一個是唯物論。而在實際上，兩者都是相通的，第一，兩種態度同樣都是敗北主義，都是取消了我們抵抗的力量。第一種態度很顯明的屈服於環境，是不用說的；第二種態度注重理想，似乎並不屈服，但不研究環境，不能抓著環境中的種種條件，使環境和我們絕對地對立起來，使我們孤立無援，這也等於是解除了自己奮鬥的武裝。第二，第一種態度雖然表面上是唯物論，但骨子裡卻仍然會變成觀念論。試把中國自來許多人所謂的「聽天由命」的思想拿來看看，不是和這一樣的嗎？它使我們相信一切都是冥冥中安排好了，自己的一切，完全有神靈在暗中支配，反抗是不行的，奮鬥也無益。客觀主義要我們屈服，和這不是一樣的嗎？它太誇張了環境的力量。好像環境裡暗中有一個不能違抗的支配者似的，這不接近有神論嗎？而有神論正是觀念論的一家啊。

我們要怎樣對事對人才行呢？這問題此地不能詳細解答，因為我們的講話是以哲學為主，生活問題不過是解釋的例子，但總之，我們仍然可以說幾句：以上兩種態度，都是我們所要反對的。我們對付環境，既不能依照客觀主義的機械唯物論，也不能依照主觀主義的觀念論。我們不能像綿羊一樣的一味只是對環境屈服，我們要奮鬥，要做一些能夠推進社會的事業，但我們又不可僅只知道理想，而不顧事實，應該研究環境中的種種條件，好好地利用這些條件去奮鬥，去求達到我們的目的。我們要看重環境，同時也要能夠藉我們對於環境的認識、思想，和理論的指導，去克服環境。這才是正確的道路，並且這也不僅只是個人做人處事正確的道路，就是擴大點說，一個民族要突破它的危機，一個前進的集團要使它的活動收最大的效果，也不能不這樣的。

生活的問題到這裡結束，現在回到哲學的本題上來。看了以上所說的一切，讀者想來已知道我們這次要講的是什麼東西了。我們要講的就是機械唯物論和觀念論。這兩種態度，是我們所要反對的，它們和動的邏輯也有衝突，然有時它們也會戴著動的邏輯的假面具，使人莫明真相，於是相信動的邏輯的人有時也會被它們騙過去了。但是，假面具究竟是假面，狐狸尾巴終究有辦法辨別得出來的。戴著假面具的機械論和觀念論不是沒有方法認識，以下就要指出幾點最重要的特徵，讀者可以藉著它們來辨別妖魔的原形。

先說一說機械論吧。前面說過，在我們生活的期間，我們一方面受客觀環境的影響，另一方面我們自己的主觀思想也能夠活動，能夠影響環境。這是一個矛盾的統一。然而機械論者把我們主觀的思想力量抹煞了，只看見客觀環境的一方面的作用，而不見主觀和客觀的矛盾。看不見矛盾，就是一種形式論理學的思想，但是，大多數的機械論者的主張卻並不是這樣簡單，他們也承認人的思想對於環境的作用，也認為自己是依從動的邏輯，看得見矛盾的。但他們對於這矛盾，卻用一種很錯誤的方法來解釋。如果你問他們：「什麼是矛盾的統一？」他們就答覆說：「兩種互相衝突的力量恰恰相等，能維持著平衡的狀態，就叫做矛盾的統一。」他們把矛盾的統一當做兩種力的平衡，所以稱為均衡論，俄國的布哈林派就是均衡論的首創者，你如果問他們，人的思想在生活中有作用嗎？他們也會答說：「有的」，卻又要加一個解釋，說：「人的思想的作用，就是要能夠和環境的力量維持均衡！」這種理論明明是錯誤的。我們的思想，並不是要和環境維持均衡，反之，我們的思想是用來幫助我們去克服環境的，是要幫助我們的生活的發展和進步的，如果只是要維持均衡，那麼我們就只有屈服於環境，將沒有任何進步了。我們前幾次曾經說過，矛盾是發展和變化的根本動力，如果矛盾的統一只是均衡狀態，那就不能夠引起發展和變化了。由這一點，可以辨別出機械論的假面具，這是關於矛盾統一律的。

其次，關於質量互變定律。機械論常常把性質的變化看做表面上的東西，以為一切事情在根底裡並沒有真的性質的變化。他們以為，人類社會的事情，常可以用人類生理的欲望（如食慾、性慾等）來說明，人的生理欲望等，又可以用人身體上的化學變化來說明，化學變化又可以用物理學的變化來解釋，推到最後，則一切複雜的高級的現象，都要用低級的、簡單的現象來解釋，好像高級的東西（如人類社會等）本身都沒有高級的性質似的。這一點，正如解釋矛盾統一律一樣，機械論者否認了世界一切事物的發展和進步了。這種見解，是把高級的事物還原作低級的事物，所以又稱為「還原論」我們知道，前面所說的均衡論中的「平衡狀態」，正是物理學中的一種最低級的（力學的）現象，機械論者把矛盾的統一改變成均衡論，正是要把最低級的現象來包括世界上的一切事物，抹殺了進步和發展。這是關於質量互變律的。

最後，關於否定之否定律，在動的邏輯上看來，一件事物的發展，由肯定經過否定，再到否定之否定的階段，就把原來的矛盾解決了，而變成了較高級的新的東西。但在機械論者，卻另有一種解釋，他們把肯定當做均衡，把否定當做「均衡的破壞」，把否定之否定當做「均衡的再建」或「均衡的恢復」，結果只看見「破壞」、「恢復」，而看不見發展，看不見高級的事物的發生，這也是機械唯物論的一個特徵。

由以上所舉三點，就可以知道機械論是怎樣把動的邏輯的三條規律弄歪曲了。不論從哪方面說，機械論都是一種屈服、妥協、阻礙進步的理論！現在再看觀念論吧，觀念論把主觀的力量過分誇大而忽視了客觀事實，但它對於動的邏輯的三條規律是怎樣看法呢？

先就矛盾的統一律來說，觀念論也承認矛盾，但它也只看見矛盾，而全看不見統一。例如用生活中的主觀和客觀的矛盾來說，我們要克服環境的困難，一方面要靠自己主觀上的努力爭鬥（這是矛盾），一方面也要能夠適當地利用環境中有利的條件（這是統一），然而觀念論者認為主觀和客觀是一刻也不能並存的，一定要馬上決一個你死我活，他們拒絕研究客觀環境的一切情形，他們把利用客觀環境誤認作對客觀環境屈服。寧可盲目亂撞，而不肯正面去看一看現實。高談闊論的理論，而不肯順應著現實的必然的趨勢去克服困難，這就是只看見矛盾而不看見統一的特徵。當然，統一不是絕對的，統一的東西因為有內部的矛盾，這統一終有一天要打破。我們利用環境，也不過是為要克服它。但如果完全看不見統一，完全不知道利用環境，卻是一個嚴重的錯誤。

再就質量互變律來說，觀念論和機械論相反。機械論看不見質的變化，觀念論卻只看見質的變化而忘卻了量的變化。做一件事情，要有一定的步驟，像前面說過的，要看清楚周圍有關係的一切，順應著這一切的可能性切實的做去，做到了一定的時候，才可以達到目的。然而觀念論者卻沒有這種耐性，它馬上便想達到目的，不肯把做的成績一步一步的積蓄起來，不知道只有這種量的積蓄才是達到質的突變（即達到目的）的真正的道路，因此他們就只會蠻幹、亂幹、無計畫的昏幹，結果必然碰壁，是可以想見的，這就是只看見質變而看不見量變的弊病。

觀念論的主要的特徵，在前面也說過了的，它把理論看做絕對的永久的公式，他們隨便你做什麼事，只知道講理論，用理論去牽強附會地嵌在事實上，不知道應用理論的時候，應該顧慮到客觀事實而加以適當的改正。譬如說到否定之否定律，觀念論者就總是把它看做一個死的公式。資本主義的經濟恐慌，在二、三十年前是有週期性的，它的循環就依著否定之否定律進行：從穩定（肯定）到恐慌（否定），又由恐慌到新的穩定（否定之否定），每十年左右循環一次。資本主義經濟發展到現在，實際情形已經不同了，現在的恐慌，已不是十年一次的週期性的恐慌，而是絕望地一直蕭條下去，生在現在的人，沒有不感覺到的。然而現在竟還有一部分的觀念論者，論到恐慌的時候，他們仍然要說是週期性的恐慌，這就是一個好例。只注意公式而忘記了事實，這叫做圖式主義，蘇聯的德波林派哲學，就是圖式主義的代表。而托洛茨基在蘇聯，就被稱為觀念論者。

總之，機械論是教人懦怯、屈服，教人不要前進的哲學，而觀念論是教人盲幹、亂來，教人空讀理論，不顧實際的哲學，兩方面都是一種病態；我們對於自己，要隨時檢查是不是有這種病症，如果有，就要隨時把它治好，隨時把它克服才行，對於自己的朋友也是一樣。和這兩種病態的思想鬥爭，就稱為兩條線上的鬥爭。如果不實行兩條線上的鬥爭，那麼，無論做什麼事情都不會有好處，不是受屈辱，就是要碰大釘子。碰釘子的勇氣我們固然要有，然而我們也要小心著不要無緣無故的去碰著太大的致命的釘子。投河殉國之類的事情，我們認為是無意味的，那麼，無味的碰釘子，我們也當然要避免了。

二十、七十二變——現象和本質

看見七十二變四個字，讀者大約總會想起《西遊記》上的孫悟空來的。不錯，我們現在要講的，就是孫悟空，這猴子靠著那七十二般變化的本領，把一切的天神和魔王都哄騙過來，天宮、地獄、水殿，都被他鬧得一塌糊塗，大大地使威嚴的神靈們掃了面子。後來是天上派兵來討伐他，用盡一切的方法，耗費莫大的力量，終於把他制服了。

這一切的故事，在《西遊記》上寫得很詳細，用不著我們重說，我們現在要講的只是那七十二般變化的厲害處。他忽然變作水中的魚，忽然變作天上的鳥，忽然又成為一塊石頭，忽然又變成一座廟宇，能使人捉摸不著，而他自己就乘機為所欲為。就因為能變化，使人看不出他的原形，所以他可以偷吃天上的蟠桃，騙走赴會的大仙，天兵天將來討伐他的時候，還吃了他不少的虧。變化是他最大的本領，也是他最厲害的武器，要制服他，必須先對付他的變化，否則只有無可奈何的一直讓他鬧到底了。

果然，當天上派二郎神來和他對敵的時候，他們就看到了這一點。他們這次用了適當的方法才把他制服。第一，他們用了一面照妖鏡，不論他怎樣變化，始終能看出他的原形，使他無法藏身；第二，也靠著二郎神的聰明，二郎神能夠細細觀察他的變化，能夠隨時猜得透他變成什麼。

譬如當他戰不過二郎神，逃到水邊忽然不見了的時候，二郎神能猜中他一定變成魚逃進水裡去了，當他變成一座廟宇來騙二郎神的時候，二郎神由那廟宇背後的一根異樣的旗桿（他的尾巴變成的）看出是他的詭計。在每一次變化裡，二郎神都精細的看透了事情的根底，所以能夠始終追逐著他，使他沒有地方可逃。這樣，曾經把天地都鬧翻了的猴王才終於被擒了。我們講了這一大篇，聰明的讀者一定有點忍耐不住了，「鬼話！鬼話！」他一定要這樣說：「誰相信《西遊記》上的鬼話呢？這只是小說作者的幻想罷了。請你講點現實生活裡的哲學吧！不要把我們帶到幻想的雲霧裡去。」不錯，我們現在馬上得要把幻想停住了。不過，我所說的上面一篇，也並不完全是無理由的鬼話，請你們細細的想一想，你們在生活中不也曾遇見過七十二變的孫悟空嗎？不！不了！世界上絕不會真有孫悟空這麼一個怪物，你們哪裡真的會遇到他？不過，你們生活中所遇到的某些事情，不是也常常變幻離奇，幾乎和孫悟空有些相像的嗎？說小一點，用個人的事情做例子。你周圍總也有一種人，平素對你是很不好，然而在某種時候不是忽然又會向你來陪笑臉嗎？也有一種對你很好的人，忽然一個時候不是也會把你咒罵一頓嗎？這是人們的態度或臉嘴的變化，雖然沒有孫悟空的七十二般變化那麼厲害，但這一類的變化，有時也會使你吃驚，會使你覺得你面前的人，前後完全不同，彷彿竟是兩個人。你如果從這些地方去想，就可以知道現實世界中也有很多事情是變幻離奇，用孫悟空的七十二變來比較，也不為過分啊。

孫悟空變成了魚，你能說那魚已經不是孫悟空而是真正的魚了嗎？自然不是，魚，不過是他外表上的一個藏身的假面具，根本他還是孫悟空。一個根本對你壞的人，忽然來向你陪笑臉，你能說他真的已經不是昨天那個人了嗎？也不是，如果根本對你壞，那麼，就是在笑臉底下，還是藏著刀的！這就不能不小心。只看表面，不從根底上去注意，難免就要吃虧！世界上的事情常常就是這樣，表面上看起來千變萬化，而根底裡始終只是一件事情，我們要真正明白這件事情，絕不可單就表面來看，應該看透它的根底才是。現在已說到哲學的本題上來了。我們今天要講的是哲學上的兩個重要範疇：現象和本質。我們已經說過世界上的事物在表面上常常千變萬化，和孫悟空的七十二變一樣，這就叫做事物的現象。我們又說過一件事物在表面上無論怎樣變，在根底裡常常是這一件事物。壞人無論怎樣裝笑臉，他始終含有壞意，這種根底裡的一貫的性質，就叫做事物的本質。現象和本質，這兩方面，在一切事物裡都有著的。再舉一個大一點的國家間的例子，譬如用侵略國與被侵略國的關係來說，侵略國的侵略方法很多，有時用武力侵略，有時用政治壓迫，有時用經濟引誘，有時也講親善和提攜，有時卻無情地露出了鬼臉，表面上的花頭的變化，也多得不下於孫悟空的七十二變了。這就是侵略的各種現象，然而歸根結底，不外是要使被侵略國做他的犧牲品，犧牲了被侵略國，來替自己的資本主義制度打一條出路，這就是侵略的本質。

由上面所說的一切，可以知道，本質和現象是不同的，也可以說是矛盾的、對立的。本質上明明是侵略，而現象上有時還會來和你講提攜；本質上是經濟侵略，而在現象上有時只見武力的爭奪，使你忘記了經濟的本質，以為只是軍閥的橫行；本質上要來吃你的肉，現象上卻和你非常和好。這一切，就是本質和現象的矛盾。但是，本質和現象雖然這樣矛盾，卻又不是完全互不相干的兩個獨立的東西。它們同時矛盾，而同時也有統一。就本質來說，本質是要藉著種種的現象，才能夠把它自己表現出來的。一個侵略國的行為如果不用種種的方法來表現，它的侵略的力量就不能發揮，如果不在必要的時候用武力、政治、外交等等的侵略方法，就不能達到它經濟侵略的目的。世界上絕沒有單獨的經濟侵略，而不必透過種種其他的侵略方式的，世界上也沒有任何本質能夠不由種種現象的表現，而自己直接存在的。再就現象來說，現象也絕不是在本質之外能夠憑空地發生的。現象的本身，是本質的表現，所以它的內部也包含著本質的要素。孫悟空變成一座廟宇的時候，那根尾巴不好安排，只得將它變成一根旗桿插在廟後，因此廟宇雖然變成了，而這座廟宇和真正的廟宇卻不同，因為真正的廟宇絕不會把旗桿插在廟後，而這假廟宇，卻因為離不開猴子的本質的緣故，不能不將這可疑的旗桿豎起來。當然，這是小說上的神話，但用來做一個譬喻，是很得當的。無論現象上怎樣變化，總不能不帶著一條本質的尾巴。根本對你很壞的人，無論他怎樣笑臉，多少仍然露點惡意，只要你能夠像二郎神那樣精細，你一定可以在笑臉中看出幾分惡意的尾巴來的。現象和本質，就是這樣統一著。動的邏輯的第一個矛盾統一律，在這裡並不失去支配的力量。

本質必須要藉著現象才能表現，因此，我們在世界上直接所看見的，只是各種的現象，本質並不是很容易的就讓我們發現，事物的本質既不容易發現，因此我們生活在世界上，如果不肯細心，就要常常受現象的欺編，好像不小心的神靈和惡魔會受孫悟空的化身欺騙一樣。前面已經說過，現象和本質並不是直接一致的，現象和本質有對立、有矛盾，現象世界裡常包含著種種的假象，這假象，使我們乍看起來好像完全和本質相反。惡人的笑臉，侵略者的親善，都是假象的模範，我們一不小心，受了假象的欺騙，就會把惡人當做好友，仇敵當做同志，結果就要吃虧。

因此，我們對於一切事物，切不要只看見一些現象就以為滿足，我們應該抓著它的本質。怎樣去抓著本質呢?要抓著本質，就要注意幾點:第一，不要以為本質是可以在現象以外去找得到的東西，本質是在現象中表現的，所以我們要抓著本質，只有精細的觀察現象，研究現象，從現象中去發現，像二郎神追孫悟空一樣。第二，不要把各種現象孤立起來觀察，而要研究各種現象的連繫，因為本質是藉著各種現象來表現的，每種現象只能表現本質的一方面，不能完全表現本質。要抓著完全的本質，必須把各種現象的總體連繫起來研究。你今天看見朋友的笑臉時，就得要想想他昨天的凶相。如果你忘記了昨天的凶相，把今天的笑臉孤立起來觀察，你一定受騙，以為他真是一個好人。二郎神碰見廟宇的時候，他一方面精細地觀察這廟宇，一方面也要想他自己剛才在追逐一個猴子。如果他想不起這猴子，把廟宇孤立地觀察，那他就不能夠從廟宇後的旗桿連繫到猴子的尾巴，因此也就無法看破眼前現象的根底。第三，根據以上兩點，可以知道，要發現本質，不是現現成成可以馬上發現的，一定要對於現象的發展有了相當的研究工夫，才可以達到目的。這證明質量互變律的作用，由現象的觀察到本質的發現，這是質的變化，而這質的變化，是先要經過一番量的增加，即對於現象的觀察研究的增加。對於現象的觀察研究愈多，我們所能看到的本質就愈深刻，朋友的臉嘴多變幾次，我們對他的性情了解也才愈真實。因此，我們要研究一種事物的時候，一定得要把它的各方面的現象盡可能的觀察到才行，切不可抓著幾點不完全的片面的事實，就要定下判斷。關於這一點，《西遊記》上的比喻就不能適用了。《西遊記》上的照妖鏡，完全是現成的，二郎神觀察孫悟空的變化，也太容易了。事實上，我們要抓著事物的本質，絕沒有這樣現成和容易。神話本來不是完全可靠的。

在我們現在的社會裡，有很多的人研究著各種的科學，科學的研究，就是要從這紛亂的現象世界裡，找出各種事物的本質來。現象（和假象）就是事物表面上的變動不居的表現，本質就是貫串在這些現象根底裡的比較固定不變的法則。科學上的各種法則，就反映著各種事物的本質。人類靠著科學法則，能夠看透事物的本質，能夠進而征服世界，就好像《西遊記》上的天神，有了照妖鏡而能夠制服孫悟空一樣。人類要戰勝自然，必須有自然科學；要推動社會，解決社會和生活上的問題，就必須學社會科學。

我們已說過，本質的把握不是現成存在那兒，而是經過種種的現象的觀察研究才得到的，由現象的研究，我們達到了本質，把握到了本質以後，我們就利用它再來觀察一切的現象。於是現象在我們眼中就分外清楚。由種種的臉嘴的變化，我們懂得了這人的根本性情，認識了他的根本性情以後，我們再來觀察他的行為，那時就分外能夠了解他了。在這裡，我們又看見否定之否定律的作用，最初我們只看見現象，是肯定，是正。經過了觀察研究以後，我們發現了本質，這是否定，是反。把握到了本質，我們把它當做照妖鏡來觀察現象，就是否定之否定，是合。到了否定之否定的階段時，我們對於當前的事物，就能夠把它的現象和本質統一起來觀察，它的根底是怎樣，從它的根底裡所表現出來的一切又是怎樣，我們都能看得透徹，不像以前那樣單看見片面的現象而至於受騙了。

最後，我們順便要解釋一個疑問，這疑問是有很多人希望著解答的：即質量互變律中的

「質」和這裡的「本質」有什麼分別？「質」是一個包括很廣的概念。凡是能使一件事物顯出它的特性而和別的事物不同的，都叫做質。現象中的各種不同，都可以說是有各種的質的不同，本質和現象的不同，也可以說是質的不同。所以「質」的概念是包括一切現象變化的，但「本質」卻專門是對現象而言，本質是各種現象變化的根底裡比較不變的東西，今天笑臉，昨天凶相，是質的變化，但絕不是本質的變化。不過，本質也並不是永遠不變的東西，它不過比較現象固定一點罷了。本質也有變動的時候，例如侵略國家的內部如果發生革命之類的事件，那麼它對於被侵略國的政策，一定就會從本質上改變。而不僅僅是一時的現象上的改變了。還有，我們所能認識的本質，也不是一成不變的，如果我們對於一件事物的認識愈更進步，那麼所能把握到的本質也愈更深。譬如我們最初只知道某人本質上對我們不好，如果我們更進一步研究，還可以發現這不好的原因，這不好的原因，就是更深的本質。又如我們最初只知道侵略國在本質上總是要被侵略者犧牲，不管他的表面現象怎樣，仍離不了侵略的目的，但如果再進一步研究，我們還可以發現侵略國之所以要侵略，是因為它的資本主義制度使然的，這一個發現，又是更深的本質的把握了。我們的認識就是這樣能夠不斷地加深的。我們可以引一位動的邏輯的名著上的話來結束這一次的講話。「人類的思想，是無止境地向前進行的，它從現象走向本質，從第一位的本質又走向第二位的本質，就這樣無限地深入進去！」（引自《哲學筆記》）

二十一、笑裡藏刀——形式與內容

前次我們講到，惡人在表面上常常也有笑臉，侵略者也常常會戴著親善的假面具。結果就看出，世界上一切事物的根本性質常常和它的表面現象不同。簡單一點說，就是本質和現象的不同。本質上雖然是一個惡人，但表面上我們只看見他的笑臉，於是就常常受騙。所以，單單從現象上看事物，是很危險的。同樣，單單知道一件事物的本質，而不注意它的現象的變化，那也不對。因為我們對付一件事情，必須要斟酌各種實際情形，用適當的方法去處理，才不至於失敗。而這實際情形，就是指那各種的現象而言的。例如，當我們的敵人露骨地來進攻我們的時候，我們的對付方法自然也是毫不客氣的抵抗。然而，當他要利用親善的假面具來騙人的時候，我們就不僅只要用抵抗來對付他。抵抗是不能放鬆的，但同時也要努力設法來揭破他的假面具。因為，在這時，假面具對於他有很大的幫助，他可以用這假面具去騙得許多人來幫他，我們不注意這一點，那就等於讓他多有了一種武器，無形中就要吃很大的虧。這就是單單知道事物的本質，而不注意這本質所表現出來的各種現象，或不隨時注意實際情形的壞處。事物的本質和現象是分不開的，所以我們也要把它統一起來觀察。

「笑裡藏刀」，這句古話很值得我們吟味。惡人的表面的笑，和內面的刀也完全分不開。

我們不能單單懂得他的笑就算完事，也要注意裡面的刀，我們不單單注意他的刀就完事，更要注意他的刀是藏在笑裡面。能夠把「笑」和「刀」都同時看得透，那就算是把現象和本質統一地認識清楚了。

把一件事的本質和現象都一起看透了時，我們就可以說：「我們已經完全明白那一件事的內容了。」到這裡，我們已講到這一次的本題上來了。這次的題目是內容和形式的問題。由上面的解釋，就可以知道內容是指什麼。一件事的內容，是包含著這件事的本質和現象的全部的。有的人僅僅看見一些現象，就以為懂得一件事情的內容，實在是很大的錯誤。旅行家對於地方的印象記，就是單單看見表面現象的好例，要從印象記裡知道一地方的真正的內容，大都是不可能的事。我們常常說：某人看事情看得深刻一點，所謂看得深刻，意思就是不單只看見現象，更能滲透到本質裡。愈看得深，就是愈更完全地認識了內容。內容的意思已經弄明白了，接著我們就想到形式。無論找一件什麼事情來，我們都可以看出它總有一定的形式，雞蛋是橢圓的，桌子是方形的，泥土煤炭不成一定的形狀，而不成一定的形狀，正是泥土煤炭的形式。有許多事情乍看起來不容易看出它的形式，其實也有一定的形式。例如我們前面說的忽而親善，忽而野蠻的侵略者的行為，表面上變來變去，似乎沒有一定的形式，其實細細的研究起來，就可以看出，現在的侵略者的行為無論怎樣變，總離不了一個獨占的形式。在從前，經濟的恐慌還沒有到今日這樣危迫，戰爭的危機還沒有到這樣緊急的時候，一個侵略者和別個侵略者中間還可以稍稍馬虎一點，把自己所侵占的地方上的門戶略略開放，讓大家分點油頭。現在可不行了，世界上供人侵略的土地已經非常貧乏，一國獨占還嫌有點不足，哪能分潤與人呢？於是乎侵略者對於被侵略國家，無論用露骨的武力侵占也好，或者用親善的方法哄騙也好，總是想法子要一人獨占。如果說從前的侵略行為採取分潤的形式，那麼現在的形式，明明是獨占的形式了。

再譬如說，對我有惡意的人，他們有時正面來攻擊我，有時用笑臉遮藏了他的惡意，乍看起來也好像沒有一定的形式的。細細的研究起來卻不然。這許多對我有惡意的人，他們各人所取的形式不一定是相同。有的人對我惡意很深，他的攻擊完全是勢不兩立的形式，露骨對敵的時候自然不免要拚個你死我活，就是用笑臉敷衍的時候，也在勾心鬥角地要打倒對方，這是勢不兩立的形式。但有的人也許還不到這程度，他對我的惡意不過是由於嫉妒，於是他的對敵只限於攻詰詆毀，這樣的形式可以說是不佩服的形式，卻不是勢不兩立。

再把荒誕的神話來做比喻吧。像《西遊記》上那種完全虛構的故事，似乎說不上什麼形式了吧？孫悟空的七十二變，算什麼形式呢？但認真研究起來，仍然找得到的。孫悟空的故事可以分為大鬧天宮時代和他跟唐僧取經的時代，這兩個時代的變化，形式就不相同。乍看起來好像是一樣的變，其實在鬧天宮的時候，他的變化處處與天上的神對敵，始終是取著魔王的反叛形式，而在跟唐僧的時代，卻反而與惡魔對敵，完全是在皈依佛教的信徒形式之內變化了。

無論什麼事物，都有一定的形式，到這裡大致已說得很明白了。現在再說形式和內容有什麼關係。形式和內容的關係，常常要被人誤解。最重要的誤解，就是把形式比做瓶子，而把內容比做瓶子裡所裝的酒。這個比喻的錯誤，就是把內容和形式看做可以隨便分開的兩件東西，兩者中間沒有深刻的關係。沒有酒，瓶子還是瓶子，沒有瓶子，酒還是酒。把酒裝進瓶子去，僅僅是裝滿了瓶子，對於瓶子本身，也沒有什麼影響。用哲學的術語來說，酒和瓶的關係只是外在的關係，內容和形式的關係，卻絕不是這樣隔膜的。形式是內容本身生來所具備著的、一定的形式，絕不像瓶子那樣從外面裝上去的東西。桌子的方形，在裝造桌子時候就同時造成，不是先製成了桌子，然後再裝上方形。侵略者的獨占的形式或分潤的形式，也和侵略者的全部行為分不開。如果沒有侵略的行為，什麼獨占、分潤之類的事情也根本不會存在。因此，我們可以說，形式和內容是不能隨便分開的，這種關係，用哲學的術語來說，就是內在的關係，與瓶和酒的外在的關係不同。這是形式和內容的統一。形式和內容不但不能分開，形式是什麼樣，還得由內容來決定，酒是不能決定瓶子的，葡萄酒不一定要用圓玻璃瓶來裝，五加皮也不一定要裝在瓦罈子裡。但內容卻不是這樣。一件事物的形式，常常要由內容來決定。在內容裡，又以本質為基礎（這在前次講話裡說過了）。所以，說得更完全一點，形式是由本質來決定的。對於懷惡意的人用詆毀的形式攻擊我，這是因為他在本質上嫉妒我。另一個人對我取勢不兩立的形式，是因為他在本質上對我有極大仇恨。侵略者取絕對獨占的形式來行動，是因為經濟與戰爭的危機在今日已緊迫到極點，使侵略者的野性在本質上達到了幾乎瘋狂的程度了。總之，一件事物的本質，是決定它的形式的基礎，本質是什麼情狀，它就表現出什麼樣的一種形式。同樣要知道一件事物變化發展的形式，只要把握到它的本質（當然也不能忘記了現象），就不難推測而知。

形式不能離開內容，並且受內容的決定，這不是表示形式完全是被動的東西，完全是附屬在內容上，一點獨立性也沒有了嗎？是的，瓶子可以完全離開了酒，自己絕對獨立起來，而形式對於內容，卻絕不能夠做到這一步。但是，如果說完全是被動的東西，完全受內容的決定，而自己卻一點也不能夠反過來對內容給以影響，那也是錯誤的。它只是不能完全離開內容，不能絕對自己獨立起來罷了。相對的獨立的作用，它還是有的。適當的形式，能夠把內容很適當的表現出來，能夠幫助內容適當地發展下去。一個嫉妒者用譏諷攻詰的形式對付他的對手，就很適於發揮他的酸素作用。他如果不用這一種形式，而改用比較緩和的、容忍的形式時，他的嫉妒的力量就不能發揮，如果採取勢不兩立的形式，又成為過火。所以，單單譏諷攻詰的形式，對於嫉妒的發揮是很有幫助的。由這例子，我們可以看出形式對於內容的反作用或反影響，這也是形式的相對獨立作用。

但形式的反作用還不僅只是這一點。內容是現象和本質的統一體。前次講話已說過，本質和現象都會變化，所以內容也不斷地變化。但形式卻是比內容更固定的東西。內容在變化，形式不一定也會跟著變化。桌子一天天腐朽下去，而方形卻可以保持很長的時間。嫉妒者忽而鬼臉，忽而笑臉，他的行為始終離不了譏諷攻詰。形式既然是固定著的，所以內容變來變去，總跳不出這一個形式的範圍以外。這樣一來，形式對於內容，顯然能夠有一定的限制的力量，它把內容限制在自己的範圍之內了。

在前面我們不是說過，形式和內容是統一的嗎？現在我們卻要說這統一之中同時也有矛盾了。內容是要不斷地變化、發展的，而形式卻要限制著它，這不是矛盾嗎？這矛盾的存在，使得內容和形式不能永久調和在一處，到了一定的時候，它倆就要發生衝突。譬如說，嫉妒者的醋意，就是會變化的，它能夠一天一天的加深，深到可以變成仇視的心情。到了這一種程度，他一定覺得，單單的向對方取譏諷攻詰的形式，是不夠了。如果他一定要使自己的行為維持著這種形式，他必然會覺得極不自由，他覺得他的發展增高了的敵意，是被舊的形式束縛著了，這時的形式，就成了內容的桎梏，不把它打破，內容就永遠無法發展。在這種情形之下，形式的反作用是最極明顯了。

內容要發展到什麼樣的程度，才和形式發生這樣激烈的衝突呢？這問題，在前面已經答覆了一部分了。內容決定形式，是以本質為基礎，在本質維持著一定狀態的期間，內容的變化，可以不至於和形式有過分的衝突。如果本質將由一個階段發展到另一個階段的時候，那麼，形式和內容激烈地敵對起來了。這時，新階段上的本質要求建立新的形式，但舊的形式卻束縛著它，妨害它的實現，只有打破了這舊形式，才能達到目的。嫉妒者的本質轉變為敵視心情的時候，不能與單單譏諷攻詰的形式相容，原因就在這裡。

一件事物的本質何以會由一階段轉變到另一階段呢？用我們以前講過的矛盾統一律來解答，是很容易的，因為本質這東西，也是一個矛盾的統一。事物漸漸發展下去，它的本質的矛盾也愈更愈更地增大，於是變成另一種更高的本質。在嫉妒的心情中，多少總包含著一點仇視的萌芽的，這是嫉妒本質的矛盾，這矛盾，就是使嫉妒轉變成仇視的根本動因。

內容的矛盾的發展，使本質從一個階段轉變成另一階段。本質轉變的結果就使內容和形式敵對地衝突起來，使形式成為內容的桎梏，於是不能不打破舊形式，建立新形式。這樣，要攻破一種舊形式，絕不能單單從形式上來著手。而應該促進它的內容的矛盾，在舊的內容裡種植新的萌芽，使它生長發達起來，然後就可以破壞舊的形式，要想建立新形式也不是憑空地可以做到的，新形式的建立，是要有新的內容做基礎。

利用舊形式，克服舊形式，是在藝術上很重要的問題。例如新國家蘇聯要請梅蘭芳去公演，公演後又指出中國戲的許多優美的地方，這可以看出他們對舊藝術形式的重視。然而重視舊形式，並不就是要對著形式屈服，而是要從裡面找到一些積極的東西，用來促成新藝術形式之建立，例如蘇聯說中國戲怎樣好，並不是指全部而言，他們也曾說裡面有許多封建的、落後的，和現實生活遠離的東西是怎樣要不得，而那打漁殺家之類的寫實的作品，則應該加以發展。因為這些地方是很好的萌芽，可以發展成將來的新藝術。

為人做事，也有它的內容和形式，怎樣應用這種內容和形式的關係，都可以照上面所說的類推，這裡篇幅不夠，不能多講了。

二十二、規規矩矩——法則與因果

現在社會上一般人還很重視規規矩矩，對一個人說：「你不懂規矩！」他就覺得這是很大的侮辱。要說服別人，說一聲「規規矩矩的！」也可以算做很好的理由。黃包車夫要車錢，說：「規規矩矩三角錢！」這就表示他的討價三角是很正當的。乘客還價，也說：「規規矩矩一角半。」又表示按道理只應該給一角半。規矩，幾乎被人抬到神聖不可侵犯的寶座上去了，這是什麼緣故呢？也並不難解釋：在一般人的心目中，覺得世界一切事情，總有一定的道理，月到陰曆十五日必圓，天氣到夏日必熱，冬天必冷，人的行為，也要有一定的標準，這就是規矩。不守規矩，就好像要使夏天變冷、冬天變熱一樣，違背了正當的狀態，是不正當的，是有罪惡的。

這種思想，似乎有點陳舊了，然而在中國一般人中間，還遺留著很不小的勢力。凡是有這種思想的人，都把人的生活和世界上的一切事物看成同樣的東西。人生活在社會裡，一個社會總有這一個社會特定的種種規矩，人們的一切行為都要遵守著這些規矩。同樣，他們以為世界上也有種種特定的規矩，一切鳥獸萬物日月星辰的運動變化也不能不遵依著它，因為要依從著它，於是世界上一切事物都有特定的秩序，四季的交替不會紊亂，草木的繁榮和枯落有一定的時序。這些變化，都可以說是遵守著某種規矩的緣故。

這種思想是不是真實的呢？我們可以答覆說：「一部分是真實的，一部分卻是錯誤的。」真實的地方是：它看出一切事物的運動變化都有一定的狀態，一定的秩序，表面上看起來，這世界真是萬花撩亂，混雜不堪，細細地研究起來，卻可以看出每種事物總有每種事物的一定的狀態，小到細微的塵土，大到整個的宇宙，都各有各的秩序。這是真實的。然而錯誤的是，它把這各種各樣的一定狀態，比做人類社會裡的規矩，規矩是在一種社會制度裡預先有了的規定，然後強制著人去遵守它。如果把世界上各種事物的各種狀態和秩序也看做規矩，那麼勢必要假定世界上先有什麼人制定了各種規矩，然後強制著萬物來遵守了。這就是說：各種事物的狀態和秩序，並不是這些事物本身具有著的狀態和秩序，而是有什麼人從外面制定好了勉強裝嵌在它們身上的。然而，這樣大的一個世界，人的能力怎能來替它制定什麼規矩呢？人的能力做不到，不是只有神力了嗎？於是就不能不假定世界上有了神了。因此，這種思想結局就叫我們去相信神仙，相信冥冥中有一個萬物的主宰。使我們成為宗教的奴隸，這就是它的錯誤的地方。

神是沒有的，它只是騙人的空想。這由實踐可以證明。這兩年來的水災、旱災，農人們求神拜佛，不知道多麼虔誠，如果有神，為什麼不靈驗呢？中國的農人有了這種實踐的經驗，大多數都明白神和宗教只是騙人的勾當了。我們不能相信神，所以也不能相信世界上萬物的秩序是神定的規矩。其實，一切事物的運動變化之有一定狀態和秩序，是各種事物本身自己具有的，並不是誰替它定的秩序。

現在我們已經明白，一切事物的運動變化，本身都具有著一定的狀態和秩序。但接著我們就要說：這種狀態和秩序也並不是刻板的，例如就人的一生的變化來說，每個人照例是要經過幼年、青年、壯年、老年等種種過程。而且每一段過程的年齡和時期都有一定，如幼年到十五、六歲止，青年到三十歲便結束。這就是人的變化所具有的一定的狀態和秩序。然而這只是一般的情形，若就另一個人來看，情形卻不一定是如此。有的人早亡，有的人特別長壽，有的人未老先衰，有的人成熟很遲，住在寒帶的人要十七、八歲才到青春期，熱帶地方的人卻在十一、二歲便成熟了。所以，在一定的狀態和秩序中，也有種種不一定的情形。

但這種種不一定的情形，始終仍是由一定的狀態和秩序裡表現出來的現象而已，它雖然有許多差錯，無論如何總不能把那一定的狀態根本改變。人雖然有未老先衰的，但總不能夠先老年而後又來一個青年。那一定的狀態和秩序，始終是它的根本的狀態和秩序，或可以稱之為本質的運動狀態和秩序，而它所表現出來的各種不一定的情形，則稱之為現象上的運動狀態和秩序。現象上的東西無論發生怎樣的差錯，總不能根本跳出本質的範圍，這是以前就講過的了。

這本質上的運動狀態和秩序，在哲學和科學上就叫做法則，一切事物都各自依著一定的狀態和秩序的範圍而運動變化，也就是依著一定的法則而變化運動，這就叫做合法則性或規律性。科學的主要研究工作就是要找出各種事物的法則來，我們前面講過的矛盾統一、質量互變、否定之否定等三個規律，就是世界上一切事情的三大根本法則，小到微塵，大到宇宙的運動變化，都逃不出這三大根本法則的統率之外。

法則是事物的運動變化的本質，我們在以前講本質和現象的時候就說道：當我們看一件事物的時候，如果單單抓著本質，而忘記了現象，是不對的。對於法則也是一樣，如果我們單單知道一點空洞的法則，就以為懂得了事物的全部真理，是不夠的。世界上實際存在著的事物，沒有一樣不是現象的表現。純粹的法則，絕不會赤裸裸的直接暴露著。在法則上我們可以規定一個人在十五歲成熟，而實際上我們卻看不見一個恰恰在滿十五歲那一天成熟的人，即有，也必定是千百萬中只能找到一個。人的成熟狀態在實際上總是千變萬化的，而法則卻撇開了這千變萬化的實際狀態，只規定一個固定而靜止的狀態，所以它是不能夠抓著事物的充分的全貌的。一個最有名的新唯物論者這樣說：「法則只能抓著靜止的東西，因此一切法則都是狹隘、不完全、近似的。」因此，「現象比法則更豐富」。這是很不錯的話。

但是，我們不要因此就看輕了法則，它雖然是狹隘、不完全、近似的，然而它始終是根本的東西，始終是運動變化的本質。事物的運動變化無論怎樣千變萬化，無論在各個現象上有種種的偏倚和差錯，它最終仍是要依著一定的法則運動，始終依著一定的傾向變化，我們知道了它的法則，就知道它的根本傾向。因此，法則是比各個的現象都深刻，都正確得多。如果輕視了法則，就是輕視了正確的指示，這是不對的。

這就是法則本身的矛盾。它是深刻的、正確的，然而又是不完全的、狹隘的。因為它深刻、正確，所以認識事物的時候我們不能不抓著它，因為它不完全、狹隘，所以我們不能過分的依賴它，而須隨時注意它所表現出來的各種具體的現象。

此外，關於法則還有幾點要注意的地方。第一，前面說法則是比較靜止的狀態，然而我們不要因此誤會，以為法則是永遠不變的。我們覺得春天暖，夏天熱，秋天涼，冬天冷，是一定不移的法則，而這種法則實際上只能夠在溫帶地方才適用，熱帶地方四季都是夏天，北冰洋四季都是冷天，就不能適用這法則了。我們在現社會裡常常受到經濟恐慌或不景氣的影響，由經濟學的書籍上知道這是依著一定的經濟法則而引起的。但這種法則只在資本主義社會裡才有，在以前的封建社會裡，以及將來的更高級的社會裡，這種法則都不會存在的。總之，法則是要在一定的情況之下，一定的歷史階段裡才會出現，我們可以說，它本身也是相對的過渡的東西，它是有歷史性的。

第二，一種事物的變化裡，有一定的法則貫串著它的全部過程，而全部變化的過程又常常分為各個階段，每一階段又各自有它的特別的法則。貫串著全部過程的法則，叫做一般的法則；各階段的法則叫做特殊法則，一般法則和特殊法則是分不開的。例如一個人，如果是男性，他從生到死，都和女性的生活情形不同，這是一般的法則；然而在幼年時候，性的機能不大顯露，老年時候，性的機能又衰弱了，這些都是特殊的法則。我們不能因為看見了特殊的法則，就把一般的法則忘了，我們不能因為小孩的男性不很顯露，就說他不是男性。資本主義社會的經濟會發生恐慌，這是資本主義的一般的法則。初期的資本主義經濟是自由競爭，今日的資本主義卻走向了獨占的階段，這是兩種特殊法則。有的經濟學者看見了獨占的特殊法則，就忘記了資本主義的一般法則，以為獨占實現以後，就不會有恐慌的現象了。這也是極大的錯誤。一般法則和特殊法則是分不開的，所以我們不能因為看見了特殊法則，而拋棄一般法則。我們所認識的法則中，最重要、最普遍地為一般人所知道的，就是因果法則。一件事情必定都有一個原因，一個原因都能引起一定的結果，這事是任何人都知道，這樣普遍的一個法則，我們不能不特別提出來說一說。

普通人所想到的因果法則，常是很片面的、不完全的東西，譬如現在的青年大多數都失業了。有的人就出來考究它的原因，他們說：失業的原因完全是由於青年自己不努力。有不努力的原因，才有失業的結果，這種因果的見解，是不是和事實一致呢？我們可以說：這是把事情看得太簡單了。一個人要有職業，自己的努力固然也有關係，然而另外還要看社會是不是能夠有給他就職的機會，如果社會上沒有機會，努力的工夫還不是白費嗎？世界上事物的互相關係是很複雜的，一件事物的發生常有種種的條件，而普通的因果法則卻單單抓著一方面的條件。以為一個結果只有一個原因，一個原因也只有一個結果，而把其他種種有關係的條件忘卻了，這是普通因果法則的不完全的第一點。

還有我們通常總以為原因引起結果，而結果對於原因就沒有一點反作用。實際上卻不是這樣，譬如我的前面有一個敵人，我打他一拳，他被我打倒了，我的打擊是原因，而他的倒是結果，然而我的拳打在他的身上時，他的身上也多少有點抵杭力，因此我拳頭便作痛了，這就是他的反作用。因為有這種反作用，所以原因和結果之間常常有一種交互關係或交互作用，並不能說結果對於原因沒有絲毫作用，而只有原因才能夠有作用力量。而普通的因果觀念每每不注意這一點，這是它的不完全的第二點。

最後，原因和結果的本身，並不是固定的，結果可以變為原因，原因有時也曾經是結果。青年的失業，是社會制度不良引起的結果，然而因為大多數青年失業，於是社會的騷亂不安就加強起來，這裡的青年失業又成為社會不安的原因了。普通一般的因果法則，每每把因果法則固定在一定的事物上，凡認為是因的，就不認為是果，這是不完全的第三點。

這是普通人的因果觀念的三大缺點，但我們不能因為有這缺點，就說世界上完全沒有因果這一回事。一件事情發生，雖然有種種條件，但其中總有一種條件是最重要的。例如失業，有時也因為不努力，同時也因為社會上就職的機會太少，然如果我們就失業的大多數青年來考查起來，就知道最重要的原因並不是不努力，有多數人是很努力的，然而仍找不到職業。因此我們就可以說失業的原因是社會制度不良，而社會制度不良，就是失業的最重要的條件，也可以說是本質的條件，「不努力」則是非本質的條件。我們已經說過，法則是本質上的運動變化，因果法則也就是要用本質的條件來構成的，不過要注意的就是，我們不能單單抓著了本質的條件，就把其他的條件忘了。

結果不單只由原因引起，並且能對原因起反作用，結果有時也能變成原因。這種交互關係我們是不能不承認的，但在這些交互關係中，總有一方面是主動的，一方面是被動的。我打敵人，我是主動，我的手雖然因為敵人的反作用而痛了，但反作用並不是主動的，所以交互關係不是平等的關係，其中有主動和被動的分別。在各種關係中，我們可以把主動的作用稱做原因，而把被動的方面叫做結果，這也是不容否認的。

由上面所說的一切，可以知道因果法則是不能完全拋棄的，不過我們要把它了解得更完全一點，不要像普通一般人所了解的那樣狹隘，現在還有最重要的一點，就是：一種事情的原因，有外部的原因和內部的原因的分別。普通一般人所知道的因果法則，常常只注意到外部的原因，其實一件事情的最根本的原因，還是內部的原因。例如我打敵人，他倒了，我的打擊，就是外部的原因；然而他之所以倒，是因為他的本身的力量抵不過我，因此，他本身力量的薄弱，是內部的原因，如果他本身力量極強，那麼我的打擊就不一定能夠使他倒了。外部的原因，並不一定能引起一定的結果，所以不是必然的。只有內部的原因，才是必然的原因，只注意外部的原因，是機械論的因果思想。現在的新的因果法則，是要側重內部的原因的研究（當然外部的原因也不能不同時注意），要側重內部的必然性的研究了。

以後，我們就要接著講必然性的問題。

二十三、在劫者難逃——必然性和偶然性

中國的災難特別多，不但和全世界同樣遭到經濟的恐慌，又重重疊疊的加上了水災、旱災和兵災。幾年以來，竟沒有一年得安寧。不，就連稍稍輕鬆點的一年也沒有過！沒有遭遇過或親見過任何災難的中國人，似乎很少了吧。例如我，雖然生長地不在江河沿岸，水災、旱災的苦難僥倖竟沒有親身嚐到過，然而對於兵災卻也有一次的經驗：忽然地方上傳說有什麼人要攻來了，於是大家就開始預備好一切逃難去。逃到那裡呢？誰也沒有把握。城裡人只管逃到鄉下去，鄉下人又只管向城裡逃上來，逃來逃去，實際上也沒有逃到真正安全的地方，就好像駝鳥被獵人追急了，把頭亂藏到一個洞子裡去一樣，自以為躲過就算了。結果是城被人攻破，全城的人大多數都遭屠殺。事情過去了以後，我們就聽見人說：當時有許多人跑到大寺廟裡去祈求菩薩保佑，並且問和尚們應該逃到鄉裡還是城裡好？而和尚們卻給了這樣幾句玄妙的答覆，說：「城也好逃，鄉也好逃，在劫者難逃！」

這答覆，是很滑頭的。他們並不直接了當的給那些災民指出一條生路，只不負責任地叫他們自己隨便去逃；「瞧著吧！如果你逃在虎口裡送了命，那是你命中注定要死的，你是在劫者，沒有辦法救你！」——這就是那答覆中的全部意思。

然而正因為滑頭，才把災民們騙信了。如果胡亂地說某條路是生路，而實際上逃去的結果卻死了人，那不是大大地會失去人們的信仰嗎？現在這樣一來，人們倒深信和尚所說的真是佛家的大道理，加強了對於宗教的信仰。

對於這件事，我的印象很深，我發現從事宗教的人，不但在平時會用甜言蜜語誘人，並且能夠很適當地利用災難的機會，用半恐嚇的言詞把一種可怕的思想，深印入人民的頭腦裡。這種思想，就是我們屢次說過的「宿命論」的思想，它叫人相信一切都是神靈在暗中算定了，人的困苦也是命中注定的，不能反抗，掙扎也無益，一個人應該聽天由命，苟且偷生的活下去就夠了。我們現在不想專門討論宿命論的問題。但宿命論的思想中包含著一種見解，是與我們這次講的本題有密切關係的。我們這次要講的是必然性和偶然性的問題。宿命論的思想就包含著這樣一種見解：以為世界上的一切事物（連人的生活在內）都有一種必然性，都是注定了的。而且這必然性的來源，就是神靈，換一句話說，必然性的原因是外來的，是神靈在事物的外面支配著一切，凡是神靈規定好的，都必然要實現，死就死，活就活，沒有更動絲毫的餘地。

宿命論和神靈的思想，我們已屢次說過是全然不能相信的。幾年來的災難的實踐，早已證明給我們看了。我們看見旱災時拜龍求雨，而雨並不來，放棄了拜龍求雨的行為，努力去鑿井戽水，倒可以勉強將莊稼維持著。我們看見黃河、長江決口，以前有的地方的人只知道拜河神求助，而水災仍不能免，有的地方努力去築堤防泛，把什麼莫須有的河神丟開不問，反而能免於災難。我們看見聽天由命，專門希望外來的力量救助自己的無抵抗主義斷送了中國廣大的土地，而努力抵抗了一月的一二八戰爭還得保全了上海。這許多的事實，已足以充分證明神靈存在之不可信，和外來的原因之不可靠了。

不相信宿命論的思想，那麼，宿命論裡所包含的那種必然性的見解，是不是也要拋棄了？我們可以說：當然要拋棄，世界上的一切絕不是注定了必然要怎樣的。但要注意，我們說這話，並不是指世界上的事物全然沒有必然性，不過是說，這種必然性的來源不能從事物的外面去找，不能看做神靈注定了的東西，事物的必然性，根本的來源是在事物的本身，在內部。一個人活到太老了一定要死，這是人生的必然性，這種必然性是不能否認的，但我們同時卻要反對宿命論者，以為人的生死是掌握在神靈的生死簿上。我們要根據科學的研究，從人的本身的生理構造中找出死亡的原因來。

為什麼黃河必然會氾濫？這不是河神要它氾濫的，原因是河水本身漲了，河水的漲，又因為是雨落多了。雨水多的原因，是空氣裡水蒸氣太多的緣故，一切原因，都可以在水的本身去找，河水的氾濫的必然性，是水的內部的原因促成的。為什麼有兵災？兵災的根本原因是社會經濟狀況的不安，社會經濟不安的原因是社會制度不良，是社會內部矛盾的激烈。所以社會上兵災的必然性也是要由社會內部去追究根源的，不是神靈降下的災害，不是宿命論的必然性。

但是，世界上的事物絕不是簡簡單單的僅有內部的原因，即和外部的事物全然沒有關係，如果我們因為要在事物的內部去找必然性的根源，就以為事物的一切變化和外來的原因完全無關，這也是一個大錯誤。譬如說，中國的社會經濟破產，本身的原因是由於中國社會制度不良。但水災、旱災之類的外來影響，對於中國經濟破產也未嘗沒有很大的作用。這些災苦不是把中國的農村經濟的破壞加深了嗎？世界上絕沒有孤立的事物，一切事物都和周圍別的事物有著各式各樣的關聯，各式各樣的互相影響，所以一件事物的必然也不是孤立的表現出來，而是在這一類關聯和影響之下表現出來的，因此談到事物的必然性，若忽視了一切外來原因的影響，是不對的。

不過，外部原因雖然不能忽視，但我們仍然不能不把它和內的原因分別開來看。我們已經說過，一件事物的內部的原因，才能算做必然的原因。外部的原因雖然對這事物常有很重要的影響，但始終不能夠決定這事物的必然性。就用剛才所說的農村破產作例子吧。天災能夠使農村破產加深，這影響是不能忽視的，然而它的影響只限於能「加深」而已，農村破產並不是直接由天災引起來的。農村破產的第一個根本原因，是農村本身的社會制度不良，社會制度本身不良，才會必然的破產，即使沒天災也好，破產始終要破產的，有了天災，不過加重程度而已。反之，如果是很優良的社會制度，社會內部沒有破產的必然性的時候，這天災的影響不會很嚴重，甚至於可以幾乎沒有。譬如水災，要緊的就是防禦問題罷了，如果社會平時能夠有經常的防汜準備，那又何至於成為今年這樣的普遍全國的大災荒呢？所以，外來的原因，不能造成必然性，必然性是存在於事物本身內部的。

外來的原因，是偶然的，今年的經濟破產，恰恰碰到了水災，使破產加重了，這是偶然的遭遇。水災不是一定會遭遇到的，經濟破產也不一定要有水災才會形成的。總之，一種情況，在一件事物的變化裡，不一定是根本不可少，不一定可以規定出來，就是偶然性。反之，某種情形，對於一件事物的變化根本不可少，而且能決定這件事物的變化，使它一定取某種狀態或依著某種法則變化，這就是必然性。這種決定的原因，若依前次的講話來說，就是本質的原因，外來的原因絕不能成為本質的原因，所以也絕不能構成必然性。

機械論者的意見和我們可有點不同，現在不能不提出來說一說。我們在這裡指出什麼是偶然性和必然性，而機械論者卻只承認有必然性，根本否認世界上有偶然性的存在。他們的理由何在呢？他們的意思是：無論什麼事物，凡是有原因的，就是必然性。中國農村經濟破產有原因，是必然的；水災加重這種破產，也有原因，也是必然的。但世界上的事物沒有一樣沒有原因，所以也沒有一樣不是必然的，於是他們就反對偶然性的存在。

世界上沒有偶然的事存在嗎？那麼，我們平常說的「偶然」二字應該怎樣解釋？我們說某人偶然走到一間屋子下面，偶然被一塊磚落下來打破了頭，這裡的偶然是什麼意思？機械論者會說：沒有原因的事，才能算做真正的偶然。磚落下來打破頭，是有原因的，所以也是必然的，但因為我們預先沒有料想到這原因，或者不知道這原因，所以我們就說是偶然。這是很明白的，機械論者總以為真正的偶然，並不真正存在在世界上，只不過是因為我們對於有些事物的來源不明白，所以才稱做偶然罷了。所以偶然的事是由於我們自己的無知，而不是真正有偶然性這一回事。

機械論的見解看起來不是很有理由的嗎？其實是大錯特錯的。一切事物都有原因，這一點我們當然也不能否認。但有原因並不一定就成為必然性，這我們在前面也說過了。經濟破產的加重，原因是水災。但水災不一定就必然會使經濟恐慌加重，如果社會制度健全，這種情形就不會發生。所以我們在前面說水災的原因，對於經濟破產只能成為偶然性。反之，另外的一種原因，卻能成為必然性的原因。社會制度不良，必然會引起經濟破產，不管有沒有水災的影響，它遲早總是要破產，所以這是必然的原因。機械論者籠統地把一切有原因的事物，都看做是有必然性的事物，而不知道有原因的事物中也有偶然和必然的分別，這就是它的大錯誤。這種錯的根源，就是由於機械論者忽視了事物的質的差異，總是要用一種簡單、單純的性質，來抹殺許多複雜的性質（這在以前的哲學講話「兩種態度」裡我們已說到過了），把有原因這一種事來籠統地抹殺了必然性和偶然性的分別。

機械論的這種見解，還會把我們帶到前面所說的宿命論的思想裡去。宿命論不是主張一切都是必然注定好了的嗎？機械論者和他們的不同，僅只是沒有明白說神靈規定一切，而實際上他們兩種見解都是主張一切皆被注定了的。我昨晚上被蚤子叮了一嘴，而且恰恰叮在右臂上，宿命論說這是神注定了的，機械論者說是必然性，不能免、不能逃；沒有法子，貧窮困苦，也是注定了的，或必然不能免的，掙扎抵抗，都沒有用，還是安分守己的苟活在世罷！

不迷信命運，不願苟活在世的人，也是要反對機械論的！但是另一方面，又有一種觀念論的見解，也是要反對的。這種見解表面上和我們的見解似乎一致，他們也承認有偶然性，也承認有必然性，並且也承認外來的原因只在構成偶然性，他們明白地把偶然性和必然性分開了。說：事物內部所發生的一切變化過程，都是必然的，外來原因所引起的一切變化，就是偶然的。所以必然和偶然的分別，就是內在和外在的分別，也可以說偶然性，就是外來的必然性。

還有什麼錯誤呢？不是和我們說的一樣嗎？不！絕不一樣！如果說機械論的錯誤是把偶然性和必然性混淆成一個東西，那麼觀念論的錯誤就是把偶然性和必然性完全分隔開了，使兩者沒有一種統一：必然性是內在的，偶然性是外來的。這樣劃了一道界限，於是兩者就永遠不能密切相遇了。

然而有的人總以為這和我們的意見沒有衝突。這誤會，一半要怪我們在前面沒有把自己的意思完全說明白，現在得要加以一番解釋。我們在前面說外來的原因只能引起偶然性，意思並不是指外來原因就可以包含偶然性的一切，而偶然性在事物的內部一點地位也沒有。不是的，外來的原因所引起的偶然性，只是偶然性的一種，其實偶然性在事物內部的變化中，也是無一處不鑽到的。它和必然性是緊緊的結合著，不，一切事物的必然性，都是從許許多多的偶然事件中發展出來的。譬如不良的社會制度之下的經濟破產，我們說是一種必然性。但我們試實際上看一看這破產的各方面的情形，我們看見張三失業了，李四一家自殺了，我們看見某些婦人被人當做物品販賣。為什麼失業的會輪到張三？而自殺的會輪到李四？被販賣的是某些婦人，而不是另外一些婦女？而另一些婦女就沒有？這當然都有原因。然而這些現象，都是一種偶然性的東西，因為即使沒有張三的失業，李四的自殺，仍然有別的人會失業自殺，仍然有經濟恐慌，所以失業輪到張三，並不是經濟恐慌中根本不可少的事；不是根本不可少的事，所以就是偶然性。然而由另一方面來說，如果社會上沒有許許多多的張三李四之流的人失業，或自殺，那麼也就看不見什麼經濟恐慌了。換一句話說，如果沒有那許許多多的偶然性，那麼經濟恐慌必然性也就不存在了。由這一個例子，就可以看出偶然性和必然性怎樣緊密地統一著。這就是說，必然性是藉著無數的偶然性的存在，而表現出來、發現出來，偶然性也是以必然性為根底，在必然性的基礎之上互相統一的。

失業、自殺之類的事件，都是在經濟恐慌的內部發生的事件，而不是外來的事件，由此我們可以證明觀念論的謬誤，證明偶然性和必然性的分別並不能夠用內外來隔絕起來，兩者是在事物的內部發展中緊密地統一著，而且互相滲透的。必然性是貫串在無數的偶然性中間展開來，無數的偶然性的集中，才形成一種必然性的發展。

二十四、貓是為吃老鼠而生的——目的性、可能性和現實性

我們對於世界上的事物，平常多半不注意去想，馬馬虎虎的過去便算了。若注意去想，就會覺得，即使最簡單的事物，也是常常令人驚奇不止的。譬如我們渴了要吃水，世界上也恰恰就有水給我們喝，為什麼恰恰就會有水喝呢？這不是很奇妙的事嗎？老鼠傷害人的器物，恰恰就有貓生在世界上，可以替我們捉老鼠；為什麼恰恰又有貓呢？這不是很湊巧的事嗎？老虎、豹子生來只會吃葷，沒有活的動物的血肉，就過不了活，恰恰就在牠們身上生著一些銳利的爪牙，使牠們很容易捉著別的動物，鹿、馬之類的走獸，身上沒有爪牙，容易受虎豹的傷害，但恰恰又生了四隻善於跳跑的腿，使虎豹不容易捉著。虎豹的爪牙和鹿馬的腿，用處雖然不同，然而恰恰能夠適合牠們生活上的需要，不是也很湊巧的嗎？為什麼能生得這樣巧呢？這不是很令人驚奇的現象嗎？

驚奇是驚奇，事實也總是事實，我們如果細細的一考查，就知道，世界上的事物幾乎都是這麼湊巧的。於是我們就要求進一步解釋，為什麼一切事物會生得這樣湊巧？有的人就會答覆說：「事物所以生得這樣湊巧，並不是偶然的，在它們未生以前，它們的用處已經安排好了，所以生下來以後就恰恰合著那種用處。水，在先就安排好了給人喝的，貓是生前就安排

好了來吃老鼠的，虎豹的爪牙是安排好了來捉弱小動物的。……換一個方法來說，就是天生萬物，在先本來就有了一定的目的，一件事物生出來，都是為要達到一定的目的的緣故。水是為給人喝而存在的，貓是為吃老鼠而生的。……」

這一個答覆，告訴我們：世界上所存在的一切事物，都有一定的目的，並且也適合一定的目的。事物適合一定的目的，在哲學上就稱做目的性。所謂「目的性」，是不是真的有這一回事呢？自然有的，爪牙適合於捕捉小動物的目的，水適合於解渴的目的，貓適合於捕捉的目的，這些事物，我們都不能否認，因此我們也不能否認目的性這一回事。但我們要反對的是，有些人把這目的性誇大了，上面那一個答覆者，就是這樣的人，他把目的性誇大了，於是就以為，世界上除了目的性以外，什麼也沒有，一切事物，都是為要實現一定的目的才產生的。這種見解，叫做目的論的世界觀。如果我們相信了這種目的論的世界觀，相信一切的存在都先有一個目的，那我們就不能不問：這樣的目的，是誰的目的呢？是誰規定的目的呢？答案不外是：「要能夠管轄整個世界的全能全智者，才能夠替世界的一切規定它們的目的。」這樣的全能全智者，除了神靈以外，還有誰呢？於是我們就不能不向宗教投降，相信起神靈來了。這就是目的論的世界觀所玩的花把戲！

目的論的世界觀既然以為世界上只有目的性，於是我們以前所說的什麼「法則」呀，「因果」呀，都在排斥之列了。事物的存在，只是為要實現一定的目的，所以就無所謂法則，只要能實現那目的，它的運動變化就不必一定要依著法則；也無所謂因果，只要能實現那目的，它的發生就不必要有任何原因。一切都被高高在上的目的支配著，一切都被神靈的目的支配著。

目的論的世界觀是我們所要反對的，我們現在就要開始反駁了。人喝水，主張目的論的世界觀的人（以後簡稱目的論者）說，「水是生來給人喝的，是為著給人喝的目的而產生的。」我們反駁說：「水能適合給人喝的目的，我們是不否認的，但為什麼會有這種目的呢？那是因為人的身體先需要水，因為需要水，才會喝水，這是一種因果性和法則性。如果不先有這種因果和法則，例如說人不需要水的話，那麼，水給人喝的目的也就根本不會存在了。這就是說，因果性和法則性是根本的基礎，目的性這一回事，是可以用因果法則來說明的。沒有目的性，因果和法則還是存在的，沒有因果和法則，就根本不會有目的性。」

目的論者又說：「水是無生物，姑且可以依從你的說法，承認可以用因果法則來解釋。然而在生物方面就不同了。例如虎豹的爪牙，能恰恰適合捕殺小動物的目的，是有什麼原因使它產生的呢？難道說小動物本身需要它來捕殺自己嗎？人需要水，固然可以就去喝水，但小動物如果真的需要殺捕（當然是沒有的事！）絕不會因此就直接使虎豹生出爪牙來，那麼，虎豹的爪牙為了什麼生得這樣巧呢？如果你找不出原因來，就只好信從目的論的世界觀，承認這是神靈安排的了。」

我們又反駁說：「生物的目的性，也可以用因果法則來說明。這不能不感謝英國的生物學家達爾文了。他首創了進化論的學說，把一切生物界的事實都用因果法則來說明了。現在的生物，是過去經過了長久年月的進化留下來的。在過去長久年月中間，不知有多少種類的生物，因為身體的構造不適於保護自己生命而滅亡了。例如鹿馬一類的走獸，凡是腳生得短，不善於跑的，都被別的猛獸撲滅，又如虎豹一類猛獸中，凡是爪牙不利的，也終於餓死，剩下現在所存著的鹿馬虎豹的種類，原來是過去無數年月中，生存競爭的結果啊。牠們的長腳和爪牙，並不是神靈替牠們安排好了的，而是在生存鬥爭中淘汰出來的啊。生物的目的性的東西，也仍是由過去現在的生物進化的法則所造成的啊。」

不論無生物界和生物界，都是以法則性為根本基礎的。目的性不過是因果法則中派生出來的東西，所以，目的論的世界觀是不能成立的。然而目的論者還有話要說：「無生物界和生物界，都依從你們的意見吧。但我的目的性，還有一個大本營：就是人類。人類的一切行為都是先有目的的，一個人，不論一舉一動，都必定先想到一個目的，毫無目的的舉動，在人類是不會有的。如果有，那一定是瘋子，或者是在夢遊狀態中。例如用讀書的行為來說，人們讀書，不是總先有一個目的的嗎？我要認識現實，認識社會，讀書能達到這種目的，所以我才去讀書，如果不能達到這目的，我就可以不讀，我的行為，是完全依著我的目的為轉移的。總之，我的目的是怎樣，我就可以怎樣做，我是自由自在的，不受什麼因果法則的束縛。」

我們又反駁道：「人的行為是有目的性的，這我們也不能否認。但我們又要問，我們的目的是那兒來的？為什麼我們在某種時候，只能有某種目的？為什麼我們現在讀書，目的是在於認識社會？而在前清時代的人，讀書的目的卻在於升官發財？為什麼我們現在讀書，不能妄想升官發財？這不是有原因嗎？因為前清的社會制度可以容許讀書人升官發財，所以那時的讀書人都以此為目的，而現在卻不然。這不是一種因果關係嗎？把範圍推廣一點，就人類的任何目的來看，我們都可以找出它的因果性來。大事如像現在義大利進攻阿比西尼亞，它的目的是要獨占阿比西尼亞，然而它為什麼要獨占這黑人國家，也是有原因的，因為不這樣就不能解決義大利本國的經濟危機。小事如像我們拿起碗筷來，目的是要吃飯，而要吃飯的原因，是因為肚子餓。總之，一切人類的目的，也是從一定的因果關係和一定的法則上派生出來的，仍然是以事物的因果性為基礎。

「不但人類的目的多由一定的因果關係上產生出來，就是要達到目的，也得要看清楚事物本身的變化法則，並且依著這法則去做，才有達到的可能性。例如現在的社會條件已經不是讀書人升官發財的時候了，有的人看不清楚這一點，仍然妄想著靠讀死書來升官發財，這樣，他的目的就和事物的法則背馳了，這種目的是永遠達不到的。又例如，有的人雖然看清了現在不是靠讀書升官發財的時候，把認識現實當做讀書的目的，然而他不知道要達到這目的，讀死書是不行，還要常常注意當前的實踐。因為不認識這種關係，只知道埋頭死讀，終於不能真正認識現實。這也是不能充分認識事物本身的法則，所以才不能達到目的。我們平常常聽說人的理想和事實衝突，這衝突的原因，也正因為那人不能夠認識事實的緣故。總括起來說：要免去衝突，使我們的理想能夠自由自在的實現出來，就有兩點要注意：第一，我們的理想必須是根據事實法則而來的理想，不要是空想；第二，我們必須看清楚事實本身的各方面的因果關係和變化法則，從這裡面找出適當的方法來，能夠使理想實現，我們就叫做得到了自由。因此，要能夠自由，要達到目的，必須能認識現實，根據現實的變化法則去做。哲學上有一句有名的話，說：「自由是必然的認識」，就是這意思。我們能認識現實，能根據著現實的事實決定我們的目的，並且能依著現實的法則去做，那麼，我們的目的就有實現的可能性了。這裡，我們又講到了一個新的問題，即可能性和現實性的問題，我們說「目的有實現的可能性」，意思是說我們現在的目的可以在將來實現出來。在現在，這目的只是一種可能性，而在將來，它就要轉變成現實性了。因此可能性就是指將來可以實現出來的意思。而現實性就是指一種可能性已經實現出來的意思。

這樣，我們可以看出，可能性和現實性是有多麼密切的關聯了。真正的可能性，一定要能夠轉變成現實性。例如尋找職業的人，說自己要找一個教師的位置是有可能性的，那他的意思一定是說：他自己有做教師的能力，如果真正有了這一個位置的時候，他可以擔任下來，而不至於失格。這就是能夠轉變成現實性了。如果他是一個目不識丁的人，要說自己有做教師的可能性，那我們一定要笑他，說他所謂的可能性是假的，因為這種可能性是不會轉變成現實性的。

有很多人不明白這一點，常常把可能性和現實性完全分隔開，以為兩者是完全沒有關係的，他們常說：「所謂可能性，只不過是指我們頭腦裡想得通的事罷了，不必一定要可以實現的。如做店員學徒的人，認為自己也可以變成慕沙里尼，因為慕沙里尼是人，自己也是人，這不是很想得通的嗎？又譬如說，自以為可以像美國的福特一樣地做一個汽車大王，因為福特是人，自己也是人，這不是也很想得通的嗎？」但是，這一類單只想得通的事情，要實際做起來卻做不通！換一句話說，就是不能夠轉變成現實性的。有些人以為這也是可能性，其實這並不是真正的可能性，只是抽象的可能性，只是假的可能性罷了。

抽象的可能性是把可能性和現實性完全隔開了，只看見可能性和現實性的對立，看不見兩者的統一。我們在前面〈兩種態度〉那一篇講話裡，已經說過，凡是只看見對立而看不見統一的，就是觀念論的態度。所以抽象的可能性是陷入觀念論的錯誤了。但另一方面，又有一種機械論的態度，是只看見統一，而看不見對立的，這種見解，以為可能性和現實性已經完全是一個東西，以為凡是有可能性的，也都是現實性的，這也是我們所要反對的一種錯誤。其實可能性雖然和現實性有著密切的關係，但兩者還是對立的，可能性並不就是現實性。因為有可能性的事情，不一定全實現，自己有了做教師的本領，不一定就真的會有教師的職業，讀書雖然有幫助認識的可能性，然而讀書的人不一定都能夠使認識社會的目的實現出來啊。

為什麼呢？因為可能性的本身是矛盾的，是有幾方面的。讀書在一方面有幫助認識的可能性，另一面也有讀成書呆子的可能性，更一方面還有受邪說欺騙的可能性。後兩方面和前一方面就是矛盾的，不把後兩方面消滅、克服，就不能把前一方面轉變為現實性。自己有做教師的本領，就有了做教師的可能性。然而社會生活的不安，又會使人有教師位置也找不到的可能性。不把社會生活的不安克服了，職業問題的解決也是不能完滿實現的。再拿革命運動來說，一種革命運動的發生，一方面有成功的可能性，而另一方面也有失敗的可能性，這是誰也容易明白的。要把成功的可能性變為現實性，不是也要先克服了那失敗的可能性嗎？

現在明白了：可能性並不就是現實性，要使可能性轉變成現實性，必須要把阻礙的可能性打倒了或克服了才行。怎樣才能做到這一步呢？這一方面要客觀事實上的良好的條件，另一方面又要有主觀的努力。還是先用讀書的例子來說吧：要藉讀書認識現實，一方面必須要可以找到好書來讀，這是客觀事實方面的條件，另一方面要自己有好的讀書方法，和認真的努力，能夠選擇，不至於誤讀了壞書，這是主觀方面的努力。這兩方面都全備了，幫助認識的目的才可以實現。再說到革命運動的問題吧，革命的成功，一方面社會的發展中必須具備成功的條件，必須要有廣大的民眾不滿於現狀而要求革命，同時舊制度的維持者也缺乏維持的力量了，這些都是必要的客觀條件。然而單有這些客觀條件，還是不行的，最重要的：是另一方面這些廣大的革命民眾還得要有一個正確的領導，積極地起來努力向著正確的道路走去，這是主觀的努力，沒有這主觀的努力，客觀的條件無論怎樣好，還是不會成功的。

舊社會必然要沒落，新社會必然要產生，這是社會科學證明了的。然而因為是必然要產生的，我們就可以坐著不動地來等待嗎？如果我們不積極地起來努力，舊社會的保守的可能性不是就要加強，而新社會產生的可能性不是要減弱了嗎？我們切不要因為兔子多而容易捉，就想打「守株待兔」的主意啊！

（一九三四年十一月至一九三五年十月《讀書生活》一卷）

附錄　關於《哲學講話》（四版代序）

一

《清華週刊》第四十四卷第一期裡，有一篇「書報介紹」，批評到我這本書，開頭就有這樣一段話：

「這本書很流行，不用我再來介紹它內容的大概。流行的主要原因並不如有人所想的一樣，在它寫得通俗，而是因為它出現在這學生運動的時候。受了友邦的恩賜，學生不能安心埋頭開礦，他們在皇宮裡的金色夢被打斷了，不願睡下去再做夢，而跑出去冒刀槍、水火和風雪。他們遭受的待遇是『治安』法，謀害法，綁架法，及『無法』。最初是少數分子感覺到不能再一味忍受友邦恩賜而無一點生人所應有的反應，頃刻間大多數的學生都相當的覺醒了。醒了過來便發覺教科書對於生活上急待解決的問題毫不中用，他們要求開一開眼光的理論知識。這本書恰好遇著這機會，就大為學生所歡迎。……現在並不是沒有人能寫出更好的同類的書，而是沒有去努力。……」

雖然全是攻擊的意味，然而對於本書所以要寫作的目的，卻也是一個很好的說明。是的，我寫這本書的時候，自始至終，就沒有想到要它走到大學校的課堂裡去。如果學生還能「安心埋頭開礦」，「皇宮裡的金色夢」沒有「被打斷了」的時候，如果他們沒有「醒過來」「發覺教科書對於生活上急待解決的問題毫不中用」的時候，那我只希望這本書在都市街頭，在店鋪內，在鄉村裡，給那失學者們解一解智識的饑荒，卻不敢妄想一定要到尊貴的大學生們的手裡，因為它不是裝潢美麗的西點，只是一塊乾燒的大餅。這樣的大餅，在吃草根樹皮的廣大中國災民，雖然已經沒有能力享受，但形式粗俗，沒有修飾剪裁，更不加香料和蜜糖，「埋頭」在學院式的讀物裡的闊少們，自然是要覺得不夠味的。

不幸竟「受了友邦的恩踢」，他們竟「要求開一開眼光的理論知識」，而「這本書恰好遇著這機會，就大為學生所歡迎」了。這不但是出乎我自己的意料，也是使一般賣西點的人很不高興的事。街頭的大餅也竟把他們認為應該埋頭在經典裡的好學生也奪去了，這還了得嗎！於是有些學院君子們就起來加以攻擊，你說這大餅不衛生，他說這質料太粗劣，不好消化，又一個人大叫著說：「有毒，最好不要吃它！」我的《哲學講話》就在這樣的情形之下被打得體無完膚，更加上各種環境的不良，甚至於連名字也要改了。

我也承認「現在不是沒有人能寫出更好的同類的書」，但因為誰也「沒有去努力」的緣故，事實上也只好讓《哲學講話》在文化市場上大大地散布它的「毒素」，才不過出世五個月，已經就是四版，倘若真是毒藥的話，那現在應該有幾萬的人被毒死，並且也得要有更多的人發生戒心，不敢嘗試了。事實上卻好像相反，人們總是愛把這「毒藥」當做滋養吸收，而且愈吸愈多。這不但使關心世道人心的學院君子們頭痛，就是我自己，也應該透徹地反省一下了。

二

不錯，一本被廣大的讀者所接受的書，如果真的包含著毒素的話，應該是作者的很大罪過，讀者愈更廣大，作者的責任也愈更沉重。《哲學講話》的出版，在我自己，沒有把它當做一件了不得的事，然而現在既有很多的人來讀它，就應該把它的內容審慎地檢查一番。我承認我的哲學知識不過是比普通的讀者多懂得一點，並沒有在我身上解決了幾千年來的一切哲學問題；錯誤和缺點，是一定不免的。就像我自己還需要不斷的進步一樣，對於《哲學講話》，也得要不斷地把它改善才行。我絕不能固執我自己的意思，使這本書的缺點，沒有改善的機會。因此，自出版以來，就注意著各方面的批評。一直到現在，公開的和私人的以至於信件上的批評都接得了不少。有許多是好意的批評，也有許多惡意的攻詰。好意固然值得感激，惡意雖然令人不快，也應該虛心承受。因為《哲學講話》的寫作本來是件吃力不討好的工作，每一種批評都有促我反省的價值。趁這四版的機會，綜合各方面的意見，對這本書的內容加以一番檢查；同時有許多被人誤解的地方，也在這裡解釋解釋，這總不會沒有意義吧。

為什麼《哲學講話》的寫作是一件吃力不討好的工作？最大的一個原因，是因為這種通俗的體裁還沒有人嘗試過，甚至是沒有人屑於這樣嘗試的。以我自己生活經驗的貧乏，文字的拙劣，研究的淺薄，要求把它寫得很具體，很現實，自然是要耗費極大的氣力，而且不會做得好的。其次還有的是環境的困難，要說的話不能直說，要用的字不能不用別的字代替，要舉的例子也只好不舉。這使得本書應該更豐富、更具體、更現實的內容，也不能不停止在現有的狀態之下了。這種情形，是別的人所不了解的，許多好意的誤會，也就因此發生。例如，有人疑心我為什麼不把例子舉得更現實一點，卻用孫悟空的七十二變來說明。這種不滿，就是由於不了解寫作當時的困難，我也不能怪批評者，我只能在這裡加以解釋而已。

又例如，《哲學講話》除緒論以外，是分做本體論、認識論和方法論三章，有許多朋友覺得這樣分法不對，尤其是第四章方法論，裡面所講的其實是「唯物辯證法的諸法則」。唯物辯證法的法則，在新哲學者看來，不但是方法論，同時也是世界觀，甚至也是認識論，倩之先生在《讀書與出版》裡曾這樣指出過，我是十分贊同的。其實我的原意也並沒有把這分法認為很恰當，所以要這樣做，也正是為著出版便利的緣故。同時也因為我在第十三節〈天曉得〉的末了已經說明「我們的論理學同時又可以算做我們的世界觀」。相信這一句話也可以解釋得了誤會，所以就決定用方法論的章名了。

自然，我也不能否認這是我的疏忽或錯誤，這樣的章名究竟是會引起誤會的。現在全書改名《大眾哲學》出版，趁此機會，把舊的三個章名取消，放上我原來所要用的名字。對於我的分類方面有所批評的朋友們可以在這裡得到答覆了。

三

現在得要對於這本書的寫法說幾句話。批評本書的朋友都說它寫得不簡潔、重複、沒有剪裁和布置。不簡潔、重複和不加剪裁，這一點我是承認的，並且甚至在寫作的當初故意要這樣做。這有兩個原因，第一是我顧慮到本書的讀者對象，我以為要使更多的水準較低的讀者了解，是應該把每一個問題反覆申說才對的，水準較低的讀者和修養很高的讀者不同，後者認為累贅麻煩的，前者反而覺得是恰到好處。這是很多人都有的經驗。因此，我常常把前一節說過的，拿到第二節再略說一下；我常常把同一個例子，反覆地用在幾個問題裡。對於初讀者，每一個問題用一個新的例子，實在不如同一個例子用在幾個問題裡好，這樣可以不分散他們的注意，給他們一個連貫的認識。第二個原因，是這書的每一節，在《讀書生活》上發表的時候，為要使它自成段落，不必依賴上下節，也可以成為獨立的讀物，因此不能不把上節說過的，拿到下節來略說一說，使讀者不至於摸不著頭腦，這也是重複的一個原因。

因此，重複和不加剪裁，也是我顧慮到讀者的接受力，而故意這樣做的。雖然現在有許多批評者不贊同，然而這批評不是直接來自廣大的讀者，我還不相信這種寫法一定就是失敗。因為據我們幾個努力做通俗化的朋友的經驗，都認為普通讀者的胃口，和那修養很高的批評者的胃口不一定相同。不知許多批評的朋友以為如何？

至於說到沒有布置，這批評我卻不很贊同。實際上我自己在未寫之先，已經就把書的內容計劃過、布置過，並且是盡可能地依著新哲學的最近成果來布置的。對於這布置問題的一部分批評者，與其說他們是為了本書沒有布置而批評，不如說是由於他不贊同這樣的布置。譬如葉青，他雖然標榜「物質論」，卻對新哲學的最近最具體的成果懷著敵意，自然也就同時敵視著我這一種布置。他的門徒王一知對我的「沒有布置」所加的攻擊，正是從這樣的立場出發的。「本質和現象」、「形式和內容」的問題，本來是唯物辯證法的根本法則的具體化，也就是唯物辯證法的法則之一，這是新哲學的新成果上所公認的，而王一知偏要認為這是屬於「本體論」的範圍。「法則和因果」、「必然性和偶然性」、「目的性，可能性和現實性」也是法則之一，而王一知又要說這是「宇宙論」中的問題。這樣的反對論，並不是由於布置的有無，而是由於王一知心目中的布置和我的布置不同，也就是由於葉青心目中的布置和新哲學的成果有所不同。這是用不著多說的，不過他已公開的這樣來攻擊，我就不能不辯解一下，免得有一部分的讀者會被矇蔽了真相。

四

現在要說到本書的理論內容了。

在理論上我也承認我的書有些缺點。就整個來說，因為書的份量很少，小品式的文章又無法寫得經濟，所以，第一就如倩之先生所說的一樣，對於問題不能夠透徹發揮。其次，因為本書是在《讀書生活》上按期登載一節，二十四節是經過了一年的長期間才寫成。在這一年中，我自己的知識也加多了一些，因此，比較後寫的後半部的十幾節都寫得比較充分，而前半部的十幾節卻不免差一點。

譬如在認識論的那一章裡，我就沒有充分說明人類認識的運動。人類認識的運動，是從感性的認識前進到理性的認識，又由理性的認識升揚到更高的感性認識；或者換一個說法，就是從活生生的感覺，前進到抽象的概念，又由抽象概念，回復到實踐（新的感覺）。這一點，在書裡雖然概略地說明過，然而說得很不充分，並且很容易引起誤會。我把從感性到理性又由理性到實踐的過程，當做一個「抬槓」的過程，這雖然已經指出了它們中間的互相推移和轉化，然而太強調了「抬槓」的方面，很容易使人誤會，以為理性和感性是全然不相關聯的、只會抬槓的東西，這是一個很大的疏忽。理性認識雖然和感性認識不同，雖然會和感性的認識抬槓，但它的本身，仍是由感性認識發展而成的，沒有感性認識做基礎，也沒有理性認識。舉例來說，從來沒有看過卓別林、羅克以及其他滑稽角色的影片的人，是無論如何也不會構成一個「滑稽大王」的概念，滑稽大王的概念絕不是憑空而來的。從理性認識到實踐（更高的感性認識）也是一樣，沒有理性認識做基礎，感性認識也不會走到更高的階段。關於這一點，讀者如果要知道詳細，請參看一下《讀書生活》四卷二期的讀書問答《認識論問題》，再讀一讀米定等主撰的《新哲學大綱》裡〈認識的過程〉一章，就可以明白得更詳細些，這裡沒有篇幅多說了。

其次，關於本書第十三節〈天曉得〉裡我給論理學（指辯證法，不是形式論理學）下的定義也得要改正一下，我下的定義是：「研究認識運動法則的學問，就叫做論理學。」有一位朋友就寫了一篇文章，這樣指正說：

「這個定義，是不確切的。一般說來，論理學是研究自然、社會和思想（認識）的運動法則的學問。研究認識的運動法則，不能概括論理學的全部。而且，認識的運動法則，乃是根據於自然和社會的運動法則。艾君曾說得很對：『思想的運動也就是外界事物運動的反映。……思想的運動法則，同時就是反映著外界事物的運動法則。』唯其是如此，所以，論理學如果只成為『研究認識的運動法則』，那末，論理學（辯證法）就成為架空的學問，把足和腦袋倒置了。誠然，艾君是不會有這樣的見解的，然而艾君有些部分說明的不清楚地方，有時就不免不自覺地陷入於這樣的模糊。比如，在另一個地方，艾君又這樣寫道：『……動的邏輯本來是研究思想的變化和發展的法則的。不過思想的變化發展，也是反映著世界的變化發展，所以動的邏輯裡所研究的法則，也不僅僅能應用在思想上，它同時也是世界變化發展的法則。』前一句話顯然是偏頗的說法，後面的補充雖則是重要的，但對於辯證法研究的根本對象，還不是清楚的說明。」

「辯證法之所以被看成認識論，不但因為它是研究認識法則的學問，而且也正因為它是研究自然和社會歷史的法則的學問。特別是關於後者，我們有強調的必要，因為後者乃是辯證法（認識論）的基礎。」

這一個批評，我是應該接受的。還有關於絕對真理和相對真理的問題，這位朋友也有說到一點，我也認為很對，特再轉錄如下，以供讀者諸君參考：

「關於絕對真理和相對真理的問題，艾君寫道：『……在內容上說來，我們的真理始終是絕對的；凡真理，都有絕對的內容，相對的形式。』把『絕對的內容，相對的形式』來了解絕對真理和相對真理，我也認為是不確切的。我們接近真理，但我們並不能一下子認識了真理的盡頭，而且真理的發展，也不能有一個絕對的盡頭，所以，我們接近的真理，只能是相對的，有條件的。另一方面，我們之所接近的真理，是反映著那在發展中的現實，而且是絕對真理的一部分，是認為絕對真理的更進一步，這又是絕對的，無條件的；人們認識的發展，依賴於人們實踐的發展，也依賴於客觀事物的發展。世界並沒有永遠固定的事物。相對真理的存在，不但是由於人們認識的程度，而且也是由於被認識的事物之自身，因為事物是在不斷地發展。這樣，事情是很明白的了：絕對真理和相對真理之差別，並不是真理的內容和形式之差別，而是表現著人們認識真理之矛盾的發展，同時又是表現著客觀真理之矛盾的發展，所以，凡真理，在其內容和形式上，就一方面來說，都是相對的，就另一方面來說，又都是絕對的。」

此外還有王一知的許多批評，本想在這裡討論一下的，後來又覺得：他的批評並不是站在同一理論原則上的批評，而是從另外的理論立場上來對我攻擊，所以應該另外用專文給他一個反批判，在這裡來答辯，是不適當，而且也不需要的。

因為有以上的幾個缺點，我本來想把原書透徹地修改一番，但為了小品文形式的限制，不能在短時間內做到，而重版的時間又非常迫促，所以只能寫這樣一篇序，作為一個補正。同時，我還要說：我這本書只是入門書，份量又很小，讀者讀過了以後，只能得到初步的知識，不要以為這就滿足了。若要更進一步地研究，應該再讀幾本別的書，甚至於還要讀一些社會科學的其他方面（如經濟學）的書，這樣對於各種問題才有更具體更深刻的了解。然而，要讀什麼書才好呢?有許多讀者曾這樣問過，並且要求開一個書目，我在這裡不能詳細答覆，但我可以推薦《讀書生活》二卷全卷裡連載著的《如何研究哲學》(李崇基先生作，實價一角五分)，裡面對於書目有系統的介紹。

艾思奇

一九三六年六月三十日於上海

附錄　著者第十版序

《大眾哲學》出版到現在，差不多到了兩年的時間。從印行的數目來計算，它已經有了兩萬以上的讀者。兩年來的世事的變遷，以及作者個人認識的增進，使自己早就感覺到這本幼稚的讀物有修改的必要。但因為各種事務的牽制，總不能如願實行；在作者的心裡，長久地成為一個重擔。

現在算是有了一個機會來把它重看一遍，並且大致修改了一下了。這修改的工作，在開始的時候，簡直覺得無從著手！我感覺到我的書好像和自己離得很遠。才不過兩年，從平常的時間上來計算，不能說是了不得的長遠了吧？然而從它的內容來說，我們的國家、社會，以及個人的生活中間，是起了多麼大的變化了！我們所處的時代，變化得多麼激烈！我可以想像到我們的許多讀者，在本書初版的時候，還能夠在相當穩定的環境裡來苦鬥著、學習著，雖然已經是生活難了，然而總還不會像現在這樣，在敵人的炮火下，弄得顛沛流離，弄得無家可歸。良善的青年同胞們的苦痛，現在不知要增加到若干倍了；然而也正因為這樣，他們不能再苦悶了，他們要在民族和個人的生死關頭上作最堅決的掙扎和抗戰了。

倘若這本書之所以能夠獲得廣大的讀者，是因為「受了友邦的恩賜」，是因為青年同胞們想在這裡找到一些「開一開眼光的知識」，倘若這本不成樣子的小書也竟負著這樣大的任務的話，那麼，在目前，在「友邦的恩賜」更千百倍於兩年前的情況之下，它如果不更具備著千百倍豐富的內容，怎能對得起成萬的青年讀者們的厚望啊。然而我在開始寫它之前，卻沒有也不可能顧及得到這樣激烈的世變，沒有顧及得到兩年後的今日的需要。當時我所寫的這本《大眾哲學》和現在我所理想的《大眾哲學》，已經遠離了不知多少里程了，要想將這樣一本東西，徹底改變成我理想中的讀物，是不可能了。

我自己現在也是處在新的環境裡。打算根據許多新的經驗，寫成一本更豐富、更生動，更有實踐意義的哲學讀物。倘若這一件工作能夠完成，就可以真正解除幾分自己心中沉重的責任的擔子。但這一件工作，不是一下子可以成就的，我還需要相當時間的學習。而現在《大眾哲學》又急待重版，無論如何不能把它再照著原樣送在讀者的手裡了，我只能盡力把它修改一下，改正了幾處已發見的錯誤的地方，第四版序裡所指出的幾處錯誤，也加以改正。這算是在目前可能的情形之下盡了我的一點責任。

這一本書始終是簡陋的入門的讀物。在實踐中，特別是今日的抗日民族統一戰線的實踐中，在更深刻的理論的鑽研裡，讀者還有更進一步地深造的機會。——要抱著這樣的態度來讀這本書，而不要抱著誇大了的奢望，那麼，它對於讀者也才會有它適當的用處。

作者

一九三八年二月

電子書購買　　爽讀 APP

國家圖書館出版品預行編目資料

大眾哲學：理性與感性的交織碰撞，生活無處不在腦力激盪 / 艾思奇 著 . -- 第一版 . -- 臺北市 : 崧燁文化事業有限公司 , 2023.09
面；　公分
POD 版
ISBN 978-626-357-546-2(平裝)
1.CST: 哲學
100　　112011782

大眾哲學：理性與感性的交織碰撞，生活無處不在腦力激盪

臉書

作　　者：艾思奇
發 行 人：黃振庭
出 版 者：崧燁文化事業有限公司
發 行 者：崧燁文化事業有限公司
E-mail：sonbookservice@gmail.com
粉 絲 頁：https://www.facebook.com/sonbookss/
網　　址：https://sonbook.net/
地　　址：台北市中正區重慶南路一段六十一號八樓 815 室
Rm. 815, 8F., No.61, Sec. 1, Chongqing S. Rd., Zhongzheng Dist., Taipei City 100, Taiwan
電　　話：(02) 2370-3310　　傳　　真：(02) 2388-1990
印　　刷：京峯數位服務有限公司
律師顧問：廣華律師事務所 張珮琦律師

定　　價：299 元
發行日期：2023 年 09 月第一版
◎本書以 POD 印製
Design Assets from Freepik.com